一部街道（乡镇）有意思

浙江有意思

纪事实、探物理、辩疑惑、助谈笑，则书之。

碎片化阅读时代，我们以"段子体"记录乡镇小岛有意义的"有意思"。

岑港有意思

来其　陈瑶　著

浙江工商大学出版社·杭州

图书在版编目（CIP）数据

岑港有意思 / 来其，陈瑶著. -- 杭州 ：浙江工商
大学出版社，2025. 4. -- ISBN 978-7-5178-6134-8

Ⅰ. K295.55

中国国家版本馆 CIP 数据核字第 20248C60X2 号

岑港有意思
CEN'GANG YOU YISI

来 其 陈 瑶 著

出 品 人	郑英龙
策划编辑	沈 娴
责任编辑	费一琛
责任校对	孟令远
插 图	郑思佳
封面设计	观止堂_未氓
责任印制	屈 皓
出版发行	浙江工商大学出版社
	（杭州市教工路 198 号　邮政编码 310012）
	（E-mail：zjgsupress@163.com）
	（网址：http://www.zjgsupress.com）
	电话：0571 - 88904980，88831806（传真）
排 版	杭州朝曦图文设计有限公司
印 刷	浙江海虹彩色印务有限公司
开 本	889mm×1194mm　1/32
印 张	5.875
字 数	126 千
版 印 次	2025 年 4 月第 1 版　2025 年 4 月第 1 次印刷
书 号	ISBN 978-7-5178-6134-8
定 价	78.00 元

作 者 简 介

来 其

中国作家协会会员
浙江省散文学会副会长
浙江省作家协会散文委员会副主任
舟山市文史研究馆馆员

出版中短篇小说集《美丽的堕落》、散文集《一个人的岛记》《舟山有意思》等 12 部，长篇报告文学《逐梦远洋》入选浙江文化艺术发展基金资助项目、浙江文学榜(2021—2023)、浙版好书年度榜。

陈 瑶

浙江省作家协会会员
舟山市作家协会秘书长
舟山市定海区作家协会主席

出版散文集《海岛时光》《鸟岛情怀》等，散文《悬鹁鸪岛上的建塔人》获第四届三毛散文奖。

1

沿陆路来舟山岛,必先抵达岑港。

从宁波北仑,驱车越过五座跨海大桥,便到了。

岑港是舟山岛的桥头堡。

2

岑港有多大?

康熙《定海县志》中有篇《岑港峹图说》,将岑港以一句"峹形如曲尺"概括。

康熙《定海县志》成书于康熙五十四年(1715),距今三百多年。如今的岑港街道,其辖区再也不是"形如曲尺"。

2001年,马目乡并入岑港街道。十二年后,册子岛、富翅岛等十八个小岛,又并入岑港街道。

岑港一下子变成了一个陆海相连的大岑港。

3

如今的岑港，标识语是：六国港口，海州一镇。

4

岑港有一个南北走向的 S 形港口，虽不是岑港最大的港口，但有个国际化的称呼，叫作"六国港"。

最早记载"六国港"的，是元大德《昌国州图志》。

这本志书里留下一句话：

旧谓之六国港口，南北舟舶辐辏于此。

"六国港"始于何时？哪六国？之后明清志书都只抄录不考证。再之后终于成了热门话题，有过"元代说""宋代说"，最后落脚到了五代十国。

"六国"，就是后梁、后唐、后晋、后汉、后周、宋。

5

钱镠以杭州为都城建立吴越国，其疆域包括今天的浙江、上海和江苏南部一带。私盐贩子出身的钱镠喜欢丝瓷贸易，在岑港建立海上贸易基地，便有了"六国港"。

钱镠当吴越王的时间是后梁开平元年(907)。岑港成为"六国港"的时间,大约也在这时。

此说的依据是新编《浙江通史》。

6

到了元代,港口还是这个港口,"六国"变了。

变成了哪六国?高丽、日本、安南、占城、缅甸、爪哇。

高丽、安南、占城、缅甸都是元朝的藩属国。爪哇是东南亚古国,其境域主要在今印度尼西亚爪哇岛一带。至于日本,大约就相当于现在的日本啦。

这六个国家中,爪哇国最遥远。《金瓶梅》里有一句"那人见了,先自酥了半边,那怒气早已钻入爪洼(哇)国去了",爪哇国被借指遥远、虚幻之处。古人认为,远在天边的国家都跟岑港搭了边,可见那时岑港已经胸怀天下了。

7

元代,岑港有这种格局,是元世祖帮的忙,也是元成宗帮的忙。

元世祖忽必烈征伐四方,非要去打日本,结果打败了。非要去打爪哇,还是败了。陆地上能够随便撒野的元军,一到海上就两眼一瞪,蒙了。

至元十一年(1274),忽必烈第一次东征日本,以失败告终。两年后,元军攻占舟山。忽必烈想想舟山群岛都打下来了,小小日本还征服不了吗？于是将岑港设为军港，从沿海各地抓来大批工匠和水手，在岑港修造海船，训练水手。足足备战五年后，元军乘九千艘海船，从庆元（今宁波）、定海（今镇海）出发，远征日本。那些海船、船上水手，皆来自岑港。

元代学者吴莱有诗句云：

似闻六国港，东压扶桑津。

8

时间又过了十多年，忽必烈死后，继位的元成宗十分讨厌战争，便派普陀山高僧一山一宁出使日本，恢复海外贸易，指定四个藩属国加上日本、爪哇，朝贡后可在岑港自由互市。

这个一山一宁，从此便在日本寺院当主持，直到圆寂。圆寂后获赐谥"国师"，后宇多天皇亲撰"宋地万人杰，本朝一国师"像赞，以示怀念之情。

9

大德年间（1297—1307），由海道同元朝建立关系的有二十余国。当时庆元（今宁波）设市舶司（对外贸易机构），在战争中建立起来的岑港造船基地，成为卖船市场。

这是"六国港"的第三个辉煌期。

10

明朝海禁，舟山居民大内迁、废县治，"六国港"也随之废弃。嘉靖年间，"六国港"再次成为军港。

11

元大德《昌国州图志》所载的"六国港"始于何时，当地文人打了多年笔仗。"元代说"曾经占据主流地位不可撼动，最后却被一学者一语道破："旧谓之六国港口，南北舟舶辐辏于此"，古代曰"旧"，多指"前朝"，对本朝至多称"襄时"，不可称"旧"，"旧"乃忌讳之谓也。

想想也是，元大德《昌国州图志》修纂者冯福京、郭荐，一个是元昌国州判官，一个是乡贡进士、鄞县教谕，都是体制中人，岂敢称"圣朝"为"旧"？

于是，"元代说"轰然倒塌。

12

"六国港"现建有一公园，就在"六国港"的原址上。

一堵浮雕景观墙，再现"南北舟舶辐辏于此"的海上贸易盛况。

四道门廊，记录港口及海道在历朝历代的故事。

公园已成为岑港"六国港口，海州一镇"的标识。

岑港有意思

六国港口公园

13

"六国港"的背后,有条司前街。定海乡镇老街中,它的年代最老。

元大德二年(1298),此处设岑江巡检司。除了负责捕盗,巡检司还要巡查海岸、缉拿走私及奉檄泛海运粮。这时的岑港已形成一条长约八百米的商业街,巡检司就在这条街上,街也因此被称为司前街。

若从那时算起,那么这条老街已有七百多年历史。

14

有人说,元朝司前街是因为设了巡检司才繁华起来,这话不对。

巡检司规模多大?大德《昌国州图志》载,弓兵二十名。类似于现在的小型派出所。

一个巡检司繁华不了一条街,最多管管街上盗贼的抓捕。

司前街的繁华是因为那时备战远征日本,水师、水手、工匠多居住在周围,带来渔货行、水果铺、肉铺、酒坊、茶铺、粮店、布庄、铁铺等商铺林立。

15

这时候,昌国(舟山旧称)已由县升州,也就是从县级行政机构升为更高一级的州级行政机构。这一次建制升格,从元至元十五年

(1278)，一直延续到明洪武二年(1369)，持续了近一个世纪。

在这近百年中，司前街多数时间都是繁荣的。

16

到了明朝，岑港巡检司的规模就大了。有记载说，洪武二十七年(1394)，巡检司城筑起来了，周围六十三丈，南面开一门，上建谯楼。看看，都建城了。

不过，司前街并没因此更加繁荣起来，而是变得萧条了，因为海禁，岛上居民迁向内陆，人都没了，哪来的商业繁荣？

这时候，巡检司的主要任务是防倭。若有倭寇进犯，巡检司内驻防的弓兵就会一边依托城墙阻击倭寇，一边向后方驻扎的明军报警。因而明代巡检司大多设置在关津、要冲之处，那时的司前街也是关津、要冲之处。

17

元朝司前街留下的繁华，彻底毁于明嘉靖年间。倭患东南，岑港成为倭寇盘踞之地，也因此成为明军平倭的重要战场。

嘉靖三十七年(1558)，倭寇毛烈率众战船停泊于岑港，总兵俞大猷、参将戚继光率兵围剿，持续近一年才获胜，史称"岑港之战"。

一场战争足以毁灭一条街。

18

现在的司前街,是清康熙二十三年(1684)舟山展复之后形成的,那时以贸易之利发家致富的费家、董家、孙家、施家等在此兴起。

但好景不长,先是鸦片战争第二次定海保卫战失利之后,英军"皇家爱尔兰"部队进驻岑港,接着又是自咸丰九年(1859)起,来自广东的"艇匪""绿壳"占据了司前街。后来,虽海盗被剿灭,但司前街也历经了一场浩劫。

19

司前街上有一道圆洞形的"擂鼓门",它是用六块弧形石条紧密拼接而成的。

门洞的墙,叫马头墙,墙上原有两个马头雕塑。

门洞背面两侧,还能看到门轴的遗迹,由此推断,这个圆洞原本是有门板的。"擂鼓门"的名称也就好理解了,人们敲这个圆形的门,就像在擂一面鼓。

这样的门,在舟山找不到第二扇。

"擂鼓门"是费家大宅的残存物。原先的费家大宅,有七道墙门。

20

太平军曾占领岑港。

"擂鼓门"

清同治元年（1862）七月，太平天国戴王黄呈忠遣部将张得胜，从宁波北仑进攻岑港。攻下岑港后，在天后宫设立指挥部，广招义勇。

据说那费家大宅，便是被战火烧掉的。

21

旧时的司前街，地面全都铺设石板，民宅或商铺的墙裙，也用石板砌就。

铺的石板，皆是青色；砌墙裙的石板，则为肉红色。

这肉红色的石板，产自里钓山岛，那岛上有红宕，专产红石板。

按现在的说法，这红石板可是石板中的名牌。里钓山人自己用红石板，也只敢用来制作庭院的石窗花。可司前街上，民宅和商铺的墙裙都是用红石板砌的，真够奢侈的，由此也能见证司前街曾经的繁华。

22

尽管司前街繁华褪尽，但美好的记忆永存。

人们述说最多的，是巡检司的宽大石门槛。它至今还躺在"卢家道地"之下。老人们念叨起街上的布店叫"乾泰铺"，杂货店叫"恒泰铺"，肉店叫"协泰铺"，药材店叫"天德铺"，老店名仍记得清清楚楚。

还有，他们对一座"永年桥"念念不忘。"永年桥头，淡包一只，油条一根"，这是他们小时候的美食。

23

岑港历史上，最著名的战争，是明嘉靖年间的岑港之战，戚继光、俞大猷联手作战，打的是倭寇。

24

岑港之战一开始，明军非常被动。

嘉靖三十七年(1558)春二月，各路兵马围剿岑港倭寇，倭寇"绝塞诸道，止通一径"，居险死守，戚继光等部从隘道进攻，被倭寇"自尾击之"，明军大溃，死者过半。

三月，"风雨交作，山水骤发"，倭寇又以决堤之策阻止明军攻势。

两军激战之际，大批倭寇汇聚岑港，温州、台州，以及福建等地也倭患频起。戚继光受命驰援台州、温州。剩下的明军俞大猷部，对岑港倭寇只能围而御之。战事进入对峙模式。

25

转折出现在七月。

驰援外地的戚继光，接连打了两场胜仗。这时，他奉命又来到岑港战场。

不过，抵达岑港的戚继光，以及留守定海的俞大猷，因岑港久困不克，而被朝廷革职留用。朝廷命令他们一个月内荡平岑港。浙直总督

岑港之战

胡宗宪也奉旨亲临岑港督战。

戚继光率部冒死强攻,又以引蛇出洞之计,在外钓山海口展开海战,大歼倭寇,又追击倭寇,直捣其巢,斩首百余后击溃倭寇。

岑港从此多了一份英雄豪气。

26

岑港之战,明军是惨胜。

杀伤数百名倭寇,却付出了三千余人惨重伤亡的代价。

27

作为嘉靖年间平倭战争的转折点,岑港之战,虽惨烈,但毕竟胜了。

戚继光在参加岑港之战前,经历过两次龙山所(今慈溪龙山镇)之战。

嘉靖三十五年(1556)八月和九月,倭寇先后对龙山所展开攻击。

首战龙山所,明军兵力是倭寇的几十倍,但当三个倭寇头目率领三路人马冲入明军时,明军各部顿时大乱,溃不成军。

再战龙山所,胡宗宪以两万明军围剿两千倭寇,却被引入伏击圈,再次上演首战结局。

28

《纪效新书》，这部收入《四库全书总目》的军事著作，是戚继光在岑港之战后写的。

书中记叙了包括岑港之战在内的东南沿海平倭战争，以及他练兵治军的经验教训。

岑港之战给了他不少灵感。

29

历史上著名的戚家军，是在嘉靖年间不断发展壮大的。

嘉靖三十五年（1556），戚继光升任宁绍台参将，有了练兵的想法。次年，首上《练兵议》。他不忿地说：

> 十室之邑，必有忠信；堂堂全浙，岂无材勇？诚得浙士三千，亲行训练，比及三年，足堪御敌。

胡宗宪最终顾及声誉，勉强答应了。

嘉靖三十八年（1559）九月，戚继光在义乌招兵四千，都是勇猛的农民和矿工，随后带往绍兴编练。

后来，这支戚家军，从嘉靖四十年（1561）至隆庆元年（1567），与倭寇激战八十余次，每战必胜，且都"大创尽歼"倭寇。

可以说，这位军事天才，历经岑港之战，似乎有了神力相助。

30

冷兵器搏杀时代的无懈强阵——鸳鸯阵,是戚继光吸取岑港之战的教训后创造出来的。

这种阵法有多厉害?套用戚继光老上司谭纶的话,是他的那一声感叹:

盖自东南用兵以来,军威未有若此之震,军功未有若此之奇者也!

谭纶所说的,是嘉靖四十年(1561),戚家军在台州、仙居、桃渚等处的九战大捷。

31

鸳鸯阵为何厉害?

岑港之战中,倭寇所依倚的,是单打独斗的蛮狠。

对此,鸳鸯阵以攻守兼备的群殴破之。

十一人为一队,藤牌手、狼筅手、长枪手、短兵手等协同作战。长短武器中,以狼筅为核心。这狼筅,竟然是约五米长的毛竹,顶端装上铁枪头,敷上毒药,两端枝丫削成尖状,或用火熨烫,使其产生弯钩。它意想不到地成为倭刀克星。

用现代人的话来说,鸳鸯阵能够把昔日谈之色变的倭寇,霸气地摁在地上摩擦。

鸳鸯阵

32

为什么岑港之战一场惨胜，能带来这么多的变化？

因为"惨"，所以想找到克敌制胜的办法；因为"胜"，所以不会连求变的勇气也丧失。

岑港之战如此定位，方有地位。

33

岑港之战，是拍影视剧的好题材。

有部电视连续剧叫《锦衣之下》，剧中有两集反映岑港之战。但它是部古装爱情悬疑剧，这两集演绎了一对昔日情敌竟成生死之交，至于岑港之战的历史故事，只不过草草带过。

有部电影叫《荡寇风云》，赵文卓饰戚继光，洪金宝饰俞大猷，万茜饰戚夫人，都是名演员。但剧中的"岑港之战"却被观众批评为"拍得如同儿戏"。

不了解岑港之战的历史内幕，自然拍不好。

34

岑港有"木城"，多本志书记载过。

清康熙《定海县志》载：

双鸦山,县城西二十五里,有木城旧址。

木城为何物?该志《岑港峁图说》的记载是:"纪献捷之鸿功,则木城列焉。"朱绪曾的《昌国典咏》卷三《岑港峁》说得更明白:"明设碇齿隘于响礁门,置木城以纪破倭功。"

此外,民国《定海县志》和光绪《定海厅志》也都将"木城"列为"古迹"。

35

木城"隐藏"着岑港另一段平倭故事。那事发生在岑港之战前,也直接导致了岑港之战的发生。

木城其实是座受降亭。木城里,受降者是胡宗宪,投降者是王直。

王直何许人也?这位安徽歙县人原是个海商,"带硝黄丝绵等违禁物抵日本暹罗西洋等国往来互市"。因明朝海禁政策使得海上贸易中断,他便召集帮众及日本浪人组成走私团队,与倭寇合流。

嘉靖三十四年(1555),胡宗宪派人去日本,以"开禁互市"为由叫他来降。嘉靖三十六年十一月,王直率五百余艘货船到岑港。于是,在这座受降亭里,举行了王直向明军投降的仪式。

36

胡宗宪原本是真的想招安王直,但朝议大哗,只得上疏称"诱捕"。他慰劝王直至杭州拜见巡按御史王本固,但王直到了杭州,却被王本固逮捕下狱。于是,王直养子毛烈就又占据岑港,声言为王直报仇。岑港之战结束一年后,嘉靖三十八年(1559)末,王直被斩首。

历史波云诡谲,木城的背后,隐隐有着战场之外的另一场博弈。

37

岑港乃一偏僻之地,本来少有人关注,然而那几年,王直的岑港受降竟搅动了整个官场。

胡宗宪为招降王直做足了功夫:

> 迎直母与其子入杭,厚抚犒之,而奏遣生员蒋洲等持其母与子书,往谕以意,谓直等来,悉释前罪不问,且宽海禁,许东夷市。

如果说,这些承诺没能得到皇帝的同意,那是不可能的。

也就是说,从胡宗宪到嘉靖帝,一开始都是想招安王直的。

38

在那场博弈中,令人惊奇的是武人想抚,文人主剿。

兵部赞同重赏招降王直,但胡宗宪在浙江的同僚——浙江巡按御史王本固却反对招抚。两相冲撞,将局面搅得十分复杂。最后,招降王直并没达到像胡宗宪最初设计的"以贼攻贼"效果,反而给倭寇落下前后不一的"背信"口实,这是胡宗宪的难言之苦。

历史就是这样的复杂。

39

在这过程中自然会有牺牲者。最惨烈的牺牲者是岑港人夏正。

夏正是胡宗宪手下的指挥使。王直抵达岑港,上岸投降前,船队在海面上停滞不前,要求明朝廷派出一位官员作为人质。胡宗宪便派了夏正前去。

王直死后,夏正一直生死不明。直到嘉靖三十九年(1560),胡宗宪才得知确切消息:夏正早被王直养子毛烈杀害,死得极惨,是肢解,也就是裂开四肢而死。

40

经过博弈,招抚王直在胡宗宪口里已经变成"诱降之计"。既然是"计",自然要用间谍,那么,夏正就成了"死间"。

尽管离历史真相甚远,但对于已死的夏正,对于还活着的夏正家人,这都是最好的处理办法,因为能得到朝廷更多的抚恤,更能赢得好名声。

夏正被赐谥"烈士"。

41

烟墩原是一个乡,2001年并入当时的岑港镇,但烟墩村还保留着。此地的西北面,有座双狮山,山岗上建有烽燧,人们管烽燧叫"烟墩",久而久之,烟墩就变成了一个地名。

42

双狮山,从远处看,像一只俯伏的大狮子,头上还依偎着一只小狮子。乡民传说,此山过去是活的,常要喷火。

双狮山的对面,也有一座大山,从远处看像龙头,故名龙头岗山。乡民传说,此山过去也是活的,当双狮山喷火时,龙头岗山就会喷水,把火熄灭。

民间传说虽带着神奇色彩,但代代相传,总有其历史渊源。或许在远古时期,这里真的有一座火山。

43

完整的烽燧,如今已很难看到,以至人们对烽燧的印象,只剩一个墩子。

其实,土筑高台只是烽燧的外形。烽燧内还有一台能升降的木制装置,称为"桔皋"。"桔皋"顶端有个大笼子,用来置放柴草,平日放下,若敌人来袭便点燃柴草并升上去。夜间举火为烽,白天燔烟为燧,便叫"烽燧"。

烟墩的烽火墩,比寻常的烽燧更复杂,四周挖有深堑,建有铺屋,铺屋内置床帐、锅灶、碗筷、水缸、柴草、旗帜、兵器,因此被称为"海岛式"烽燧。

44

烟墩烽火墩建于何时？据传,明洪武十三年(1380),为抵御倭寇骚扰,建在双狮山山岗上。

洪武十三年(1380),舟山尚未废县,直到烟墩烽燧建好七年后,洪武二十年六月,才"废宁波府昌国县,徙其民为宁波卫卒"(《明实录》明太祖高皇帝实录卷之一百八十二)。

那时马目岛没有与烟墩相连,烟墩乃舟山岛最西端。海拔约三百米的双狮山,是西部最高峰。在此处建烽燧,就守住了舟山岛的西大门。

烽火墩原有七座,五座呈方形,两座马蹄形,沿山岗线一路布设,遥相呼应。如今,在一残迹处,一座烽火墩已修复。

45

双狮山烽火墩,不是岑港最早的烽燧。

岑港最早的烽燧,在岑江上。那是南宋宝祐六年(1258),为防御元军经海道攻打四明(宁波)而筑。

开庆《四明续志》卷五载:

> 将台、温、明、越四郡民船屯泊于岱山、本江、三姑山、烈港四处,仍发定海水军、岑江三姑巡检司土军能弓弩手者,敷摊逐处民船,置烽燧水递互相应援等事。

岑港有意思

双狮山烽火墩

这就是舟山最早的"海上烽燧十二铺"。

岑港这一铺,烽燧"建"在船上,日举烟旗,夜举火号。若举火号,"必以五起五落为准,待彼相应,方始住火",如逢云气昏塞,风雨阴霾,烟旗火号无法瞭望,那就用放炮来传递信息。

岑港烽燧文化,若全面激活,定能展现出许多生动场景。

46

岑港有个白龙洞(白龙潭)。

早在宋宝庆《四明志·昌国县志》里,白龙洞就有记载。

那本志书中说白龙洞是"遇祷而应,蜥蜴必出"。

蜥蜴,又叫四脚蛇。现在的舟山人看见它,绝不会当它是吉祥物。但在宋代,人们普遍相信"蜥蜴致雨",所以"蜥蜴必出"进了志书。

明张岱《夜航船》卷一《天文部》有"蜥蜴致雨",说关中地区的人求雨,往往找来多条蜥蜴放在瓮盆里,让童男童女念咒语:"蜥蜴蜥蜴,兴云吐雾。致雨滂沱,放汝归去。"据说,宋咸平年间使用这个方法求雨,每次都灵验。

舟山与关中,相距甚远,蜥蜴求雨的习俗却相同。

47

明天启《舟山志》对白龙洞的记载更加详尽,大致有三层意思。

白龙洞与海是相通的,一直通到了响礁门。

白龙有时住在洞里,有时潜入海中。人们可通过洞旁的竹叶来判断白龙去向。若竹叶向内,则白龙已回洞中;若竹叶向外,那么白龙已游进了大海。

万历二十六年(1598),大旱,祈祷后仍不下雨,有位施姓者舍身投洞求雨。当他跳下洞口,尸体浮起,顷刻大雨如注。志书说:"龙之灵异洵不虚也。"

从蜥蜴求雨到舍身求雨,看来这雨越来越难求,所以舍身祈雨者也就可歌可泣、感天动地,如英雄一般,那就一定要记入志书了。

48

到了清朝,官方定例每年六月初一祭岑港龙王。

海岛干旱,连后来建造水库都难以有效缓解缺水状况,这种缺水状况直到 20 世纪 90 年代大陆引水工程和海水淡化工程实施后才得以彻底解决,遑论蓄水设施极端落后的古代,所以祭拜行云布雨的龙王,在那时候是政治行为,也是民生工程。

现代人没有设身处地,常常会把祭龙王当作民间风俗,其实在古代,其意义并非"风俗"两字那么简单。

49

岑港祭龙时有一习俗。人们把三牲福礼和糯米团丢入潭中,再把随后浮起来的小鱼或水蛇捞上来,放入盛水的面盆,用轿子抬着绕岙走一圈,等到下雨了,才把请来的这些"龙灵"还给龙潭。

若不下雨呢?不但不还"龙灵",还要把"龙灵"放在太阳底下晒,名叫"晒龙",让龙也感受一下干旱之苦,以示薄惩。

在其他信仰中,惩罚信仰物是不可思议的,甚至若有怀疑信仰物的念头闪过,都会不自觉地念叨"罪过、罪过",自我谴责一番。唯独岑港祭龙,竟如此直白地彰显出若不达目的便要翻脸的决绝,人们若非为干旱所迫,陷入无奈之境,又何至于走到如此地步?

50

如今的白龙潭,网红打卡地也。

峡谷幽幽,溪水潺潺,鸟鸣声声,满眼是化不开的浓绿,让人流连忘返。美女们更喜欢来这里留下倩影。

倘若说起舍身求雨的传说,人们常常会报以一声长叹:这迷信得令人感动啊。

真是"不知有汉,无论魏晋"呀。

51

如果来个脑筋急转弯,同样也会令人感叹。

这灵秀之地,为何至今仍保持其原貌?这跟白龙潭有关。

白龙潭有感应之灵,无论今人信与不信,在古代都有着很强的威慑力,阻止了一些人的撒野行为,比如想砍棵大树的人,绝不敢到白龙潭来砍,所以这儿的树木特别繁盛。

就算是"迷信",这"迷信"也保护住了一片森林山水。

白龙潭

52

白龙潭边俯卧着白龙、青龙两座雕塑,它们面对面守护着白龙潭。

雕塑源自一则民间故事。

传说白老龙能吸水降雨,干旱时吸东海之水,普降甘霖。他还曾化身渔民,帮助寡妇捕鱼,捕得的大黄鱼装满三个船舱,因此得罪了东海龙王,说他残害水族,便把他禁锢在白龙潭。那个受到他帮助的寡妇,跳进了白龙潭,化作一条青龙,随他隐居于潭底。

这样的故事,类似的情节不知流传过多少,可照样一次次感动人心。不然,也不会有人集资在白龙潭边建起这两座雕塑了。

53

"白龙与青龙"的传说,有两个版本。

其他内容都一样,差别在于白龙和青龙的关系。一个版本说两人是干爹干女儿的关系,另一个版本里,他们则是一对情侣。

想来前一个版本,正是"男女授受不亲"在礼教森严年代催生的变体。

54

岑港还曾有两个会社,一个叫白龙会,另一个叫青龙会。每隔三年一小会,十二年一大会。逢会期,人们敲锣打鼓,抬着白龙和青龙两尊塑像,游行于乡间。

55

许多人不知道的是,这个白龙潭是冰川时期的产物。

2004 年,随着村民把潭水抽干,整个潭底就露出来了。腹径似酒坛,潭底如锅底。无数石球堆积潭底,大大小小,小的如拳头,最大一颗直径有五六十厘米。

当时,文博专家实地考察后,惊讶地说:"白龙潭是山谷冰臼呀!"

56

专家就是专家,一句话便揭示了白龙潭是怎么形成的。

距今三百万年至两百万年前的第四纪冰川时期,冰川像推土机一样向较为平坦的地方"扫来",形成厚度逾百米的冰盖。冰川融水携带大量冰碎屑、岩屑及冰川粉物质,沿冰川裂缝垂直下渗,以滴水穿石式形成滚滚流水钻,对下覆基岩进行强烈地冲刷和侵蚀,进而形成坛形石洞。这些洞像极了南方舂米的石臼,因此称"冰臼"。

白龙潭就是这样一个神奇的冰臼。

57

几乎在发现白龙潭冰臼的同一时刻,朱家尖也发现了冰臼。

在华夏出版社出版的《发现冰臼》一书中,作者刊出了多幅古冰川期地质遗迹冰臼的照片,其中几张摄自朱家尖岛的小山头上。

舟山的冰臼，一定不会只有这两处。

58

冰臼也是地方文化的"卖点"。

《新昌新赋》中有"观冰臼之陈迹，探石河而冥茫"；"爱上金华的100个理由"中有"上古奇迹——十八涡冰臼"；庆元县旅游广告语中有"观廊桥，临冰臼，抱杉树，瞰月牙"。

白龙潭，也可以做做冰臼的文章。

59

冰川运动，不仅造就了白龙潭，而且促成了白龙潭一侧山坡上石景的形成。

石景如鬼斧神工！展开想象的翅膀，每个人都可以给各种形状的石头取象形名字。同一块石头，移步换形即可另得雅称，更可引人生出一个神奇故事。

如今这景区，叫"石景崖"。

60

在岑港，还有比冰臼更加古老的东西。

舟山人从哪里来，以前近乎有了定论：海岛河姆渡。

可想不到的是，册子岛渔民在灰鳖洋捞起了一批改写海岛史前史的古动物化石,继而发现了有人工痕迹的木化石,接着又发现了距今三万年至两万年前的"舟山人"上颌骨牙齿化石。这些都说明,舟山群岛"海上河姆渡"文明史似乎还要改写,延伸到更加遥远的过去。

61

册子岛上,有个古动物化石陈列室。

名称很低调,内容很惊人。室内,有两万年前的古菱齿象化石、一万多年前的四不像化石、复制的德氏水牛骨架,以及其他各类古动物化石。这些展出的化石,都是在册子岛附近灰鳖洋底发现的。

古菱齿象,是迄今为止最大的大象,一头成年古菱齿象的重量在十至十四吨。在我国东部地区,古菱齿象曾非常繁盛,后来在更新世晚期灭绝了。

四不像,又叫麋鹿,因为头脸像马、角像鹿、蹄像牛、尾像驴,所以叫四不像。它起源于两百多万年前,在距今一万年至三千年前最为繁盛,数量达到上亿头。直到清朝初年,野生四不像才绝迹。

德氏水牛是北京猿人的猎物之一,最早发现于北京周口店地区。我国台湾发现的德氏水牛化石,证实了一万年前海峡两岸是相连的,动物可以毫无阻碍地来回迁移。后来陕西也发现了德氏水牛化石。舟山是德氏水牛化石的第四个发现地点。

厉害的远古动物化石,都集中在这个陈列室里,它居然还只是社区级的,实在有点委屈它。

62

2001 年 9 月,册子岛渔民贺伟元把三件从灰鳖洋海底捞上来的舟山古脊椎动物化石送到了舟山博物馆。

贺伟元不知道他捞上来的是稀罕宝贝,文物专家知道。经鉴定,这三件动物骨骼化石分别为额鼻角犀、古菱齿象、德氏水牛的下颌骨。

古菱齿象、德氏水牛,上文已有介绍。额鼻角犀,是古犀牛之一种,它的鼻端和额顶各有一个角。青海柴达木盆地、山西沁县等地发现过它的化石。1982 年,在柳江盆地山羊寨的石灰岩洞穴堆积物中,也发现过它的化石。秦皇岛柳江地学博物馆里,有两头根据生物学特征雕塑的额鼻角犀。它和古菱齿象、德氏水牛都是生活在更新世晚期的大型哺乳动物。

63

贺伟元是在灰鳖洋菜花山岛附近海域捞上古动物化石的。

根据舟山海图及地形地貌分析,那里是一条海沟,深达一百多米,而它的周围海域,只有二十多米深。

这条海沟,数万年前是一个淡水湖,大量古动物在周边生活。

菜花山岛的地理坐标是:东经 121°51′6″,北纬 30°6′6″。

又是北纬 30 度,这是地球上有着许多未解之谜的纬度。

64

2003年夏秋,册子岛渔民在这一海域,又陆续捞获各类动物化石。

麋鹿、斑鹿、大角鹿、犀牛、野马等古哺乳动物的化石纷纷面世。

仅仅捞起一两件,人们还会怀疑是不是从其他地方"漂流"而来的。现在前前后后捞起这么多,特别是德氏水牛、古菱齿象,几乎身体各个部位的化石都捞上来了,可以确信这些古动物,生前生活在这里,死后也"葬"在这里。

65

中国科学院古脊椎动物与古人类研究所的祁国琴,中国社会科学院考古研究所的韩康信,中国台湾自然科学博物馆的何传坤,受邀鉴定册子渔民捞上来的古动物化石。

专家们兴奋了,因为他们发现,化石上有古人类加工的痕迹。

66

兴奋之后是震惊,因为又发现了一件留有人工痕迹的木化石。

这件木化石,是一截树干,通体黑褐色,木纹清晰。

化石上半部分,留有一处疑似人为攀折后留下的树疤节痕迹,下端周圈略呈锯齿状,疑似用石器砍砸后留下的痕迹。化石中间部分,留有类似古人用石器清除掉树皮时留下的不平整痕迹,还有一条横向的裂缝,似为打击时用力过猛而引起的折裂痕迹。

初步推断,这是远古人类制作和使用的棍棒化石。

这是中国境内,首次被记录的旧石器时代木质工具。

67

木头能成为化石吗?

清人施鸿保曾言:"松木入水历一千年则化为石。"

洪荒演变,机缘巧合,没什么不可能的事。

68

为了确定棍棒化石的准确年代,舟山博物馆两次把古菱齿象门齿和木化石标本送到北京,请北京大学第四纪年代测定实验室进行加速器质谱(AMS)碳-14 年代测定。结果是:古菱齿象门齿的年代为距今二万一千九百年前后误差二百六十年,木化石的年代被认为早于四万年前。

69

国家文物局专家组成员张森水赋予了其发现的意义:

最令人欣喜的是在若干碎骨上观察到人工痕迹,这在对海底化石研究中还是第一次。特别重要的是发现了那根木棒,通过对其上千处人工痕迹观察并结合模拟研究,考古工作者基本可以肯定,在四万年

"舟山木棒"化石

前有古人活动的可靠物证。

他还说,舟山木棒的发现,使我国成为拥有旧石器时代木质工具的第三个国家。

70

四万年前的"舟山木棒",透露出的信息实在太丰富。

按现代人类发展史分类,四万年前属于中国旧石器时代,相当于地质史上的更新世晚期,人类学家称之为智人阶段。

这时候,氏族组织已广泛分布在黄河流域、长江流域、东北地区和华南地区,可能已初步掌握摩擦取火技术,砍砸器、刮削器、三棱大尖状器和石球等工具已出现并被使用。其中刮削器是制作木器的重要工具,可刮削树枝上的树杈、树节和树皮,把树枝刮得平整光滑,还能刮削木料尖端。

这一时期,中国台湾地区的岛屿及日本周边的岛屿与大陆间存在部分陆桥连接,中国大陆的气候比较干燥寒冷,自然条件比较恶劣。人类正处于一个在恶劣环境中求生存、锻炼和发展的关键时期,最终人脱离动物界,转变为现代人。

正是这个时候,"舟山人"出现了,留下了"舟山木棒"。

71

"舟山木棒"发现后,还不能完全证明远古有"舟山人"的存在。推论的证据链上还缺少最关键的一个证据:"舟山人"的骨骼化石。当然,马岙土墩文物中也没有发现五千年前古马岙人骨骼化石,同样不能否认其他文物所能得到的推论。但是,如果有,那么就像北京猿人头盖骨一样,具有不容辩驳的价值。

这样的期望终究是实现了。

"舟山木棒"面世后七年,到了 2010 年 7 月,岱山渔老大王存贤在金塘海域流网作业时,随网捞起了一个上颌骨牙齿化石,上面有十颗牙齿。

这一年的 8 月 14 日,曾为古人类上颌骨牙齿化石做鉴定的蔡保全教授来到舟山,对这件珍贵的上颌骨牙齿化石进行研究。经过三天的实物分析,蔡保全认为,它的年代为距今三万年至两万年,属旧石器时代晚期。

蔡保全说,从实物看,这件古人类上颌骨牙齿化石的石化程度,与此前发现的古菱齿象白齿化石、河套大角鹿头骨化石等古动物骨头化石的石化程度一样,属于同一时期。

册子海域,把人麻翻了!

72

蔡保全,这位我国古脊椎动物与古人类研究专家还说:在福建东山、浙江建德、台湾海峡也曾发现古人类化石,它们分别被称为"东山人""建德人""海峡人"。舟山发现的这件古人类上颌骨牙齿化石,其主人我们可以称为"舟山人"。

根据蔡保全的分析,这件上颌骨牙齿化石的主人,其年龄在二十六岁至三十岁,而当时人的寿命,平均为三十五六岁,长寿的有五十多岁。这件上颌骨化石,带有十颗牙齿,保存得较完整,但四颗门牙缺失。缺少的四颗牙齿,应该是死亡后埋藏时脱离的,从牙齿的健康状况来看,化石主人很可能是非正常死亡的。

20 世纪 70 年代,浙江建德发现了一颗古人类牙齿化石。"舟山人"是浙江第二次发现的旧石器时代古人类化石。

册子岛上,应该建一座"远古舟山人"展馆!

73

"舟山人"上颌骨牙齿化石被发现后,舟山人类历史一下子推至三万年至两万年前。

20 世纪 60 年代的衢山岛蛤蚆山,20 世纪 70 年代的衢山岛太平乡孙家村、定海白泉十字路,以及定海马岙唐家墩,先后发现了多处新石器时代遗址及遗存,出土了石斧、石锛、石簇、石犁、石纺轮、陶鼎等文物。正是这些考古发现,证明了早在五千年前就有人类在舟山群岛繁衍生息。据此,《舟山市志》介绍,出土文物表明,早在五千年前,舟山群岛就有人类繁衍生息。

今后续编《舟山市志》,是否有必要改写?

74

"舟山人"上颌骨牙齿化石,如今收藏在舟山博物馆。

75

2003 年，中国科学院专家根据舟山博物馆提供的古动物化石实物、经鉴定的古动物种类、化石上发现的"舟山人"砍砸痕迹，绘制了一幅两万多年前的舟山远古生态图。

在这幅生态图上，那时的舟山（目前为东海大陆架的一部分）没有惊涛骇浪，没有暗礁浊流，而是一片连绵起伏、高低不平的丘陵以及平原。古长江、古钱塘江流经舟山。舟山河流纵横，丘陵、湖泊、山涧、湿地点缀其间，到处草木茂盛、郁郁葱葱，呈现出一派生机勃勃的景象。各种野生动物，如水牛、黄牛、野象、斑鹿、麋鹿、野猪、野马、犀牛……云集于此，构成一幅人与自然相互依赖、和谐共存的画面。

76

现今册子海域，当年这批古动物从何而来？

在距今二万三千年至一万五千年前，地球上经历了一次人类诞生以来规模最大的冰期。

那时，气温急剧下降，破坏了原生物带的环境，大批寒带动物向冷带转移，冷带动物向温带转移，形成了全球动物的大迁移。

远古人类踏着千里冰封，一路追逐成群结队的野兽。追到舟山时，他们和兽群一起住下来了。

舟山远古生态图

77

有关舟山群岛人的来历,以往旧志仅仅云:

往籍荒诞,莫可考信。

至于如何"荒诞",让古人觉得"莫可考信",那就不得而知了。

有关山海变迁的传说,舟山自古有之。"塌东京,涨崇明",古代舟山有一个都城叫"东京城"是一个版本;葛洪初到鄞东时,东海因地震而引发海啸,葛洪见势不妙就背起母亲拔腿逃离又是一个版本(如今定海东海云廊有此塑像);或许还有更多的版本。这些民间传说是世世代代传下来的,起源于何时已无从知晓,不同版本是一代代人流传过程中一次次再加工的结果,但版本再多,有一点却是不变的,那就是山海变迁、沧海桑田。

远古"舟山人",也经历过一次沧海桑田。

78

从哪里来?到哪里去?这是人类永远求索的问题。

站在孤悬东海的舟山群岛,我们也在不断探寻:最早的舟山人从哪里来?

最早的说法是:舟山群岛形成于一万多年前。当时滨海地区地壳断块不断升降,天台山脉北部伸向东海的部分,由于断块上升,山峰岭脊露出海面,形成了千百个岛屿,而断块沉陷部分,便形成了舟山群岛的海域或水道。至于舟山群岛的人类,则是在河姆渡文化时期,从大陆渡海登岛定居,逐渐繁衍而来的。

马岙土墩文物出土后,此说更加言之凿凿。

79

但也有学者提出另一种观点。他们认为舟山群岛最终与大陆分离而形成群岛,是由海侵造成的。第三次海侵全盛期(距今六千八百年),海水溯长江古道和钱塘江而上,浙东海岸线内移,海水直拍山麓。海退初期,海平面仍比今天略高。舟山群岛与大陆分离后,陆地面积比现在还小。其后,海平面渐趋稳定。经河流、海流长期搬运沉积补偿,以及人类活动的长期捍卤蓄淡,海岸线渐有后退,舟山群岛的陆地面积才渐大如今。这便是舟山群岛形成的始末。

由此,关于舟山岛民的最初来源就有了新的说法:在海侵(渐进)过程中,人及部分动物向高地迁移,部分进入大陆,部分滞留在舟山群岛。这些滞留者,便成了岛人的始祖。

80

支撑"海侵说"的有力证据,是舟山群岛各岛发现的新石器时代文化遗址遗存,无论是舟山岛白泉十字路、唐家墩、皋泄、马目,还是岱山岛大舜庙、衢山岛孙家山,或者是泗礁山基湖,自南向北各个遗址遗存的形成过程,并没有出现先近大陆、后济外海和先大岛、后小岛的移民轨迹。

各遗址遗存的单独形成，反映了海侵同时分割各岛，以及人类在各岛分别滞留的特征。

81

随着此后的考古发现，"海侵说"又有了一些新佐证。

2000 年 9 月，中国科学技术大学地球和空间科学学院孙立广教授在舟山群岛朱家尖人迹罕至的海湾潮间带，发现一处古木层埋藏。

古木层中含有大量的古树茎干、叶片、果实、种子、孢子花粉和昆虫等的遗迹，上部层位中伴生有古陶片及炭屑遗迹。经碳-14 测定，古木层包含数十种树木，植被属亚热带常绿落叶阔叶混交林类型。古木层及泥炭堆积时间大约距今八千五百年至六千二百年，是在较弱的水动力环境下近距离搬运至潮间带堆积而成的，这为海平面在距今八千五百年前后迅速抬升提供了直接证据。

舟山人从哪里来，至此几乎有了定论。

82

可想不到，册子岛渔民在金塘海域捞起了改写海岛史前史的一批古动物化石，继而发现了有人工痕迹的木化石，并且尤为重要的是，发现了两三万年前的"舟山人"上颌骨牙齿化石。这一切都说明，舟山群岛原住民史似乎还要改写，延伸到更加遥远的过去。

蓦然发现,定海东海百里文廊岑港段所面对的灰鳖洋深处,隐藏着舟山最古老的史前文明。

83

岑港给人的神秘感,除了来自灰鳖洋底的"舟山人",还来自五峙山列岛,一个妥妥的海鸟天堂。

84

五峙山列岛,由七个悬水小岛组成,岛上均无居民。

集聚在五峙山列岛的鸟,有候鸟、旅鸟和留鸟。尤其是每年 5 月至 8 月,有时也会延长至 10 月,成群结队的海鸟从北方飞到这里,停歇,栖息,繁殖。海天之间,密密麻麻的海鸟漫天飞舞。

岛上海鸟,多时近两万只,拍摄记录到的有四十八种,其中有:

"神话之鸟"中华凤头燕鸥;

"世界濒危物种"黑脸琵鹭,目前全世界仅剩两三千只;

"世界受胁物种"黄嘴白鹭,目前全世界不超过一万只;

"国家二级重点保护野生动物"角鸊鷉;

"省级重点保护动物"大白鹭、中白鹭、小白鹭……

85

五峙山列岛的珍奇鸟儿中,最具分量的是中华凤头燕鸥。因为有了它，五峙山列岛的称呼，也从以往的"东海鸟岛"，变成了"神鸟之岛"。

中华凤头燕鸥，又叫黑嘴端凤头燕鸥。2010年，全球记录到的少于五十只，比大熊猫还要稀少珍贵。

正是在这一年，在五峙山列岛上，护岛员一下子发现了七只中华凤头燕鸥及三只新生个体。

那在当时可是"刷爆屏"的新闻。

86

2008年，当五峙山列岛发现中华凤头燕鸥时，人们追索了它的"露面史"。

1861年，有人在印度尼西亚的哈尔马赫拉岛发现它的踪迹。

1937年，它在山东沐官岛"露面"。

之后，中华凤头燕鸥销声匿迹了整整六十三年。

直到2000年，在马祖列岛发现四对中华凤头燕鸥后，人们才知道它没有灭绝。

2004年8月，浙江象山韭山列岛发现除马祖列岛之外的另一繁殖群体，大约二十只。

2007年，该繁殖群体失踪两年后又重新出现在韭山列岛，数量下降到八只。

2008年，该繁殖群体转移到舟山五峙山列岛时，数量只有六只。

中华凤头燕鸥

87

2023 年,五峙山列岛内中华凤头燕鸥的种群数量增加到约七十四只。

看来,五峙山列岛真的是中华凤头燕鸥的福地。

"神鸟之岛"名副其实呀!

88

浙江自然博物院中华凤头燕鸥研究团队每年招募志愿者驻守五峙山列岛,监测燕鸥群"到达,求偶,产卵,孵蛋,育雏,离岛"的全过程。

早在 2013 年,中华凤头燕鸥繁殖种群招引和恢复项目便已启动,通过放置仿真模型和播放鸟类鸣叫,吸引中华凤头燕鸥及其伴群大凤头燕鸥在此栖息并繁殖。

神鸟的故事一出接一出。

89

由于不能上岛,人们对五峙山列岛上鸟类的生活充满好奇。许多护鸟人在巡查笔记中,记录了一些鸟类在岛上的秘闻。

中白鹭的巢,大多安在纵横交织的忍冬藤之间。巢顶藤叶遮掩,巢身枝草密铺,巢下悬空透风,好似林间"吊床"。黑尾鸥的巢,则筑在悬崖峭壁的错落凹石上,一处崖壁竟会有八九个鸟巢。

中白鹭一般每次下蛋五枚,黑尾鸥三枚,它们都要留下一枚不孵,作为幼鸟出壳后的"奶水"。

黑尾鸥脾气怪,巢窝里的蛋一旦被人摸过或移动过,它就会遗弃这些"不圣洁"的蛋。

90

澳大利亚的鸟类专家来五峙山列岛考察过。

7月,是五峙山列岛上合欢树、石竹花的花季。喙色醒目的蛎鹬雌雄相伴,双双飞来,形影不离。

因为五峙山列岛曾有一群原产澳大利亚的蛎鹬,所以澳大利亚的专家特意赶来。

91

大自然如何造就了这个鸟的天堂?

这里地处杭州湾外的东海海域,亚热带季风气候使岛上冬暖夏凉。

这里是候鸟迁徙的必经之地,候鸟包括夏候鸟和冬候鸟。

岛上植被以灌丛和浓密柔软的茅草为主,给候鸟营巢带来了方便。例如中白鹭喜欢采集枯枝编成盆形鸟巢,而黑尾鸥则用软绵绵的细长草叶筑巢。

岩质海岸上布满了蓄积雨水的凹处,供鸟儿栖息、喝水。

附近滩涂贝类丰富,海里鱼虾繁多,鸟儿觅食不成问题。

除此之外,岛屿形貌也非常适合鸟儿栖居。

五峙山列岛中的龙洞山岛,地势险峻,并有一个壁立的箕形裂谷,因该裂谷可作为天然避风屏障,故黑尾鸥、中白鹭等候鸟喜欢在这里营巢、孵化、育雏。这里是候鸟最集中的栖息地。

92

鸟岛最早的护鸟人是王忠德,一个在岑港家喻户晓的人物。

王忠德三十七岁时开启了起早贪黑的护鸟模式:每天早上五时起床,背上干粮,拎上水壶,戴上草帽,然后乘租来的小船上岛巡视,往往一待就是一天。即便伏天骄阳似火,他依旧专注地蹲在地上,数着蛋,"一个蛋、两个蛋……"

王忠德的护鸟是从数蛋开始的。在 20 世纪 80 年代中期,五峙山列岛还没完全禁止人们上岛,时有渔民驶船经过这里时,偷偷上岛拾蛋。

93

时隔二十多年,南麂列岛、韭山列岛也开始护鸟,它们的护鸟也是从护蛋开始的。

中华凤头燕鸥原本在韭山列岛有迹可循,但由于大量鸟蛋被人捡走,到 2007 年,大凤头燕鸥只剩下几千只,中华凤头燕鸥更是仅剩下四对。那一年,燕鸥家族也迁徙到了定海五峙山。面对严峻的形势,韭山列岛也开始护蛋,不护蛋不行呀。

这是王忠德护蛋,最该记下的一笔。

94

早在 2008 年，中华凤头燕鸥在浙江实现了首次成功繁殖。中华凤头燕鸥在浙江的成功繁殖，得益于在五峙山列岛开展的护蛋行动。

2010 年，浙江自然博物馆鸟类科研人员在五峙山的裸岩上发现了三个繁殖巢，每个巢内都有中华凤头燕鸥产下的蛋。

一对中华凤头燕鸥，一年只下一窝，一窝只有一个蛋，而且混杂在几千只大凤头燕鸥中。

持续五个月，守护者日日夜夜地守护着三个鸟蛋，直到它们成功孵化，孵化出的鸟儿在 9 月底飞离五峙山。

持续不断的护蛋，护出了一个浙江纪录。

95

定海东海云廊长岗山段，有家海洋鸟类科普展示馆，是全省首家。

步入馆内，映入眼帘的是三百六十度环幕，环幕上播放着五峙山列岛群鸟齐飞的震撼景象。在 AR 体验区，参观者能看到五峙山列岛实时传来的画面。

开馆时，这里播放了全球首部中华凤头燕鸥纪录片。纪录片展现了"神鸟"迁徙来岛后，求偶、产卵、育雏以及幼鸟练习、成长的全过程。

鸟岛与鸟馆，是一对绝配。

海洋鸟类科普展示馆

96

鸟馆里的影像资料,很多来自驻守岛上的监测员。

从 2017 年起,浙江自然博物馆(2018 年 8 月更名为浙江自然博物院)每年都要招聘监测员,在鸟类繁殖期,到五峙山列岛上观测四个月。这四个月里,监测员两到三天巡岛一次,并做好观测记录。

观测重点是中华凤头燕鸥的特定生物行为。例如,产卵后,雄鸟、雌鸟会进行"换孵",也就是轮流孵蛋,这时需要记录每一只鸟孵了多久;另外,在亲鸟的育雏阶段,还需记录喂食的频率、次数,并辨别食物的种类。

监测员还会为中华凤头燕鸥戴上"环志",它就像鸟的身份证。两个月后,如果在青岛再次观测到这只中华凤头燕鸥,那就说明青岛是它迁徙路线上的下一站。如果十年后再次观测到它,那就说明它的寿命至少超过十年。

这是一群在不干扰鸟族生活的前提下,探查鸟岛秘境的人。

97

监测员通过一年又一年的上岛观察,慢慢地发现了鸟儿的生活规律。

整个繁殖季,燕鸥的分布是不均匀的。例如在丫鹊山和馒头山,孵化期的燕鸥会集中在岛屿顶端,而到了后期,它们则会在岛屿底端的礁石上练习飞行。

五峙山列岛上,有燕鸥的天敌猛禽游隼。它是世界上飞行最快的鸟类之一,也是国家二级重点保护野生动物。当两种被人类保护的动物相遇时,它们之间的厮杀却是残酷的。监测员经常会在岛上发现各种燕鸥的尸骨,死去的总是燕鸥中的弱小者。

但这种自然淘汰,并不会让燕鸥离开鸟岛。倒是渔船的干扰,有可能导致燕鸥群体性受惊。那样,也许第二年,它们就不会选择这里作为繁殖地了。因此,监测员的任务中,还包括驱赶非法进入保护区的渔船。

98

岑港有个地方叫椗次,东、北靠脉南岭、茶岭,西、南临海,属于烟墩村。

现在的椗次是个自然村。但在民国时,这里设立过岑椗乡。

岑椗乡,竟是取自现在已成为街道名的岑港,与现在连村名都不再拥有的椗次,将这两地名的首字相连,从而成就了这一乡名。

可见在当时,椗次多么重要。

99

"椗次"何意?

椗次的"椗",通"碇"。碇,是古代船只停泊时,沉落到水底,用来稳定船身的石块。这种石块开始是毛石,钻个洞,拴上绳,就是碇了。后来毛石凿琢成蘑菇状才算是碇。再后来,碇改为硬木制作,"碇"也就变成了"椗"。再再后来,才出现了铁木结合的锚。

椗次的"次"呢?《左传·庄公三年》载:"凡师,一宿为舍,再宿为信,过信为次。"讲的是古代行军时,在一处停留一夜叫"宿",停留两夜叫"信",停留三夜及以上就称"次"了。

椗次,也就是古代水师曾在这里多次锚泊(下碇)的意思。

100

让人惊奇一下的是,"椗次"这个地名,竟有两千多年的历史了。

西汉建元三年(前138)至元封六年(前105),汉朝廷派遣军队,自鄮县(在今舟山群岛)浮船起碇,讨伐百越(粤)不下四次,都在此地停留,或打造战船,或演练休整,这样就孕育了"椗次"这个地名。

101

沿椗次脉山水库一路上行,穿行于一片绿树中,一座小院赫然出现在眼前。三四间石屋,背靠重峦叠嶂的青山。

这个小院叫"初一小院",原本是废弃的粮仓,外墙虽还坚固,但门窗已破败,瓦檐屋顶快要倒塌。

一对父女看中这里,翻新屋顶,修整墙面,围起竹篱笆,用小石子铺院子地面,周边种上果树。他们从水库管理房接来电线,又从房后山上引来溪水,水电都通了。

早些时候,他们在这山村里住过,现在回来,只想安放田野梦想。

102

在岑港走访古村，人们去的最多的地方，是柴戴、新生、岩头王。

这三个村，都在岑港水库上游。

1994 年，在建岑港水库时，金星、梅园两个自然村拆迁，岩头王和柴戴两个自然村部分拆迁。一些宅基地、耕地、桥梁、村道等没入水中。2023 年 11 月，岑港水库的一次清淤放水，使库底的一座清代古桥重见天日。原来这地方，祖祖辈辈不知道生活了多少代。

103

柴戴，许多人认为是"柴担"的谐音，这里地处山坳，取之不尽的是柴木，村民们生火烧饭亦离不开柴木，所以村名应该与柴木有关。

其实不然，村名源于姓氏，村里人主要姓柴姓戴，故名柴戴村。

104

柴戴村有一座充满山野玄秘气息的白茅山。山势陡峻，丛林密布，山上有猢狲洞、红蛇洞、白蛇洞、野猫洞等洞穴。

一些户外探险者一路披荆斩棘，登临过猢狲洞。据说，洞口狭窄，需弯腰低头才能走进去，里面可容纳五六人，石洞的西侧还有一个露天洞口，向外延伸。在猢狲洞的旁边石道上，有一块平整的岩石，如一把天然石椅，恰好可一个人坐下，村民称之为"猴王座"。

红蛇洞更为神奇,洞口呈椭圆形,深二十余米,悬生在峭壁上。传说,梦见红蛇,便会有喜事降临。当地村民都相信红蛇洞里住着一条红蛇,它终年盘踞在此,食草药,护山林,护佑村民。所以,大家对红蛇洞有一种敬畏之心,尽管没人真正看见过红蛇。

105

柴戴村有条清澈见底的小溪,溪水自上而下,穿村而过。

一座座黑瓦石墙的古民居,错落有致地散落在山坡上。弯弯曲曲的石弄堂散发着古老的气息,低矮的石墙上爬满了密密麻麻的绿藤。

溪畔,一株古樟树浓荫蔽日。这樟树,已有两百多年树龄。大树下,石条凳上,几个老人闲坐着。

这情景,如油画一般,来访古村的游客,纷纷拿起相机,引得树下老人连连吐槽:"噶有嗖好拍的呀?"

106

柴戴村体现了一种慢与静的生活美学。

村民的日子如缓缓的溪水一般,安然而恬淡。他们守着几亩薄田、几畦菜园,不惊不乍地过着属于自己的田园生活。对于久困城市樊笼的人来说,这里是一个被遗落的世外桃源、一方人间净土。在这里,人们远离浮躁,避开纷扰,暂时忘却凡尘琐事,在青山碧水和田园微风中走一走,歇一歇,也算是放下了负累,舒缓了身心。

107

岩头王村的村民几乎都姓王,相传最早的祖先,是从邻近的小沙迁来的,与复翁堂的王国祚是同族。

王国祚是舟山名人,明洪武年间,朱元璋诏令舟山岛民尽迁内陆,王国祚竟敢跑到京城进谏"不可迁",然而,朱元璋竟然被他说动了,让一批岛民留在故乡。

岩头王村王姓祖先,是这事发生前,还是发生后迁来的呢?那就不得而知了。

108

岩头王村村名中的"岩头"何意?肯定指村庄附近皆是岩石。

村里每一条弄堂、每一条小路,其表面皆以圆润紧密的小石头铺就。这些石子路曲折地穿行在巷弄之间,两边房屋的墙壁同样用石头垒砌而成。

1999 年,岩头王村还有一百二十四户三百八十七人,二十多年过去后,村里许多房子已人去屋空,但多少代人的心血还留在那些石头上。

109

岩头王村有座庙,叫沙黄塘庙,供奉着一位姓傅的小沙人。

传说,过去岩头王村村口有一大片水稻田常被大水冲毁,百姓叫苦连天。有一天,一位身穿长衫的老先生路过此地,看了看地形,指着被冲毁的田地说,用沙泥、黄泥在上边筑一条塘吧。说完,他就往小沙方向走去。村民依言建了沙黄塘,果然水稻田再没被冲毁。感恩戴德的村民跑到小沙打听,原来老先生姓傅,好多年前就已过世了。村民震撼不已,认为老先生已经成仙,就在沙黄塘边造了沙黄塘庙,塑像以示纪念。

为一条塘,建一座庙,供奉一位出主意的人,这份情感朴素得让人感动。古庙虽早已不在,故事仍在流传。

110

岩头王村的李家老宅,是村子里颇具特色的古民居。木雕的门窗,饰以简洁的花纹,木窗下的墙壁上镶嵌淡粉色的石板墙裙。屋前的院子,面积足有两百多平方米。院子里的百年古樟,成了这座老宅的醒目标志。低矮的石头墙外,有一条清澈的溪流,溪水潺潺流过。

墙门并不高大,老石地坎还在,最吸引人的是一只绘在白墙上展翅飞舞的红凤凰。这似乎是一幅用红色颜料绘就的彩画,凤凰的线条细腻流畅,惟妙惟肖。墙上还写着"凤鸣岐山"四个字。

"凤鸣岐山"的典故,是讲周朝兴盛前,岐山有凤凰栖息鸣叫,人们认为这是周兴盛的吉兆。因此它的引申义,有着天降祥瑞的意思。这座老宅,据说是主人在上海做生意,发家致富后回乡建造的。

111

司前街西北,有个涨次古村落。

古时,它称"涨起"。为何叫"涨起"? 因山岙濒海岸,年久淤积成陆,如同"涨起"的陆地。这涨起的时间,大约在唐开元年间,那时筑了一条"涨起塘",有两千三百多米长。

为何变"涨起"为"涨次"? 因为年久淤积的陆地,形似锯齿,遂称"涨齿",后易写成"涨次"。

112

涨次村先民几次迁居内陆,最早的原住民已无从查考。

清康熙年间定海展复后,陈氏"释"字辈最早迁入这里,接着,曾氏"英"字辈、倪氏"士"字辈、叶氏"荣"字辈也先后迁入。

这四大家族,迁入前的居住地都在福建,迁入时间分别是乾隆、同治、道光年间,为何迁来已无人知晓。

113

涨次三面环山,一面临海,呈畚斗形。按照常理,最早的居民应以种植农作物或打鱼捕蟹为业。但陈、曾、倪、叶四家,迁来后靠山不吃山,靠海不吃海,既不种田,也不捕鱼,而是搞海运、开宕口、做五匠。

"涨次人历代橹大船",这船,不是渔船,而是运输船。

这在那个时代,也算是标新立异了。

114

有段民谚:

> 涨次老婆坐檐阶,司前老婆奔街坊,龙潭老婆拖青柴,老塘老婆养鸡鸭,西吞老婆养猪羊,富翘老婆织箬筐,钓山老婆撩蟶虾,烟墩老婆插田秧,坞丘老婆拾蛏蛤,马目老婆抲沙蟹。

为什么独独涨次老婆能悠闲地坐檐阶?

不是因为懒,而是家里的产业,不用她们帮忙,她们也帮不上忙。

115

涨次村近十幢百年老宅中,倪家大院保存最完整。

它坐东北朝西南,占地面积约七百五十三平方米,为四合院。

正屋面阔七间,单檐硬山顶,盖小青瓦,檐角饰蟠龙,檐下用龙首月梁,梁身下部另雕一小型蟠龙。这是一座多用龙纹雕饰的老宅。

檐下石板穿廊,进深八柱八檩,穿斗式梁架,木板隔间,石板地面,红砂岩墙裙,用木格窗,有斗状窗臼。

明间为堂前,设神龛三处,开六扇无窗木板门。两端尽间厍头外凸，然与厢房之间隔一段矮墙，而不是直接与厢房相接为库头间。这在当地民居中较为少见。

东西厢房各两间，另有库头间与门房相接。门房三间，中为门道。正门门楣饰红色倒垂蝙蝠，寓意为福气到来。门前约五米处，立三级照壁一座。

据说倪氏先祖一迁入涨次，就建了这座大宅，至今已历一百余年。

116

岱山有双合石壁，石峰雄伟挺拔，石幔形如刀削，石廊曲径通幽，石潭清澈见底。古代，它是采石场，开采者之一，是涨次叶家。

117

涨次开石宕的，大多有宕号，比如，叶家宕号叫"三星宕"。

宕号相当于商号。只有拥有宕口，才有宕号。没有宕号的石匠，只能受雇于人，承揽不到大笔业务，也赚不到大笔的钱。

118

穿过老塘山隧道，往右拐，进入西岙村，便会发现一个偌大的石窟。

石窟内，数个大小不等的洞窟构成了洞中有洞、洞洞交错，洞上有洞、洞洞相连的洞窟群体。老塘山石窟的开凿，始于明嘉靖年间。

采石业日渐式微后,石窟也随之废弃。鸟兽将植物种子带入洞里,草木竟然在洞里生长起来。慢慢积起的山溪水在洞内形成一个天然宕池。冷硬的石壁,因水的滋润而有了灵气。

石窟已成一道风景。只是这风景,还在等待客商开发。

119

岑港有个里钓村,村子出产红石板。

红石板,属于火山喷出岩典型代表,肉红色质,色泽鲜艳,质量上乘,纵使历经风吹雨打,仍能年久不变色、不风化。

里钓村在里钓山岛,因岛得名。

120

里钓山的岛名来历,缘于古时候,据传,此岛和附近岛屿一年四季皆有人钓鱼,他们临时搭棚而居,岛屿遂称"钓山"。钓山共有三岛,分别为里钓、中钓、外钓。

因钓鱼得名的里钓,到了近代,以开宕采石而扬名。

121

里钓开宕采石,大约始于清初。

光绪时,秀才王亨彦编了一本《定海乡土教科书》。这本教材中记载:石矿有钓山石、两头洞山石,质最粗,颇资民用,业此者谓石宕……

里钓石屋

以钓山先两头洞而开采也。

两头洞,岱山双合石壁所在地。根据此书,石宕的开采时间,里钓山是早于双合村的。

122

攀宕,里钓老宕中规模最大的宕口,遗留下四个石窟。

第一窟,现改为一口水井,七米长的毛竹插不到井底。这口井,是舟山唯一的石宕井。此井名爱乡井,系台胞庄兴隆捐资一千美元建造的。

第二窟,垂直高度约五十米,千锤百掘之下形成了刀削斧劈般的悬崖凹壁,石壁下是深不可测的一潭水。

第三窟是干窟,曾为生产队开大会之地,窟内冬暖夏凉。

第四窟是水塘,水特别冷,手伸进水里,不一会汗毛就竖起来了。

123

里钓老宕的另一处景观,是穿宕。

穿宕在攀宕的北部,因石宕取石打穿了山顶而得名。

该宕现遗留一块巨石、一座孤岩,还有两个石窟。

那块巨石,是宕顶因底部被掏空而塌落下来的残体;那座孤岩,则是硕石滑到一半突然止住,形成了山体上的一道岩壁。

124

宕因村而生,村依宕而建。里钓村是舟山最具代表性的宕脚村。

现存民居大多建于清中晚期,多为三合院、四合院。

走进里钓村,夺人眼球的是用石块垒砌的墙体;是红石板墙裙;是薄片石板层层叠压成的石屋墙基;是石阶、石路、石墙、石窗、石门、石柱子、石屋、石板明堂、石井、石磨、石捣臼、石雕、石弄堂等构成的石头世界。

125

坚固的石屋很人性化。既可阻台风,又能避寒暑。炎炎夏日,石屋里清凉一片,巷弄之间的弄堂风,透凉透爽。

坚固的石屋也很艺术化。厚实的墙体上,盛开一朵朵石窗花,镂空雕的,或是花鸟鱼虫,或是人物故事,或是几何图案。斑驳和寥落中,顿时有了精巧和雅致;坚硬与冰冷中,蓦然有了柔软与风情。

路过的美女,都忍不住把身子靠在这石窗花旁,拍个照,美一美。

126

里钓山岛有个安澜庙,庙柱上一副金字楹联竟然写得这么直白:

> 越奸越刁越贫穷,奸刁贫穷天不容
>
> 富贵若从奸刁得,天下呆汉喝西风

从楹联可以看出，石头村里的村民性格像石头一样坚硬。

127

发现里钓山石材的人，是一位慈溪石匠，名叫闻日戊。

慈溪的那个宕口老板，为人非常刻薄，给工匠们的工钱很低。闻日戊领着大家罢了工，老板十分恼火，准备对领头闹事的闻石匠下毒手。听到这一消息，闻石匠带上妻儿老小，连夜逃离慈溪，漂洋过海，来到了里钓山岛避难。

那是在清嘉庆初年。

128

上岛时，闻石匠一家无屋可住，他就地凿石，垒墙造屋。

凿石时，他意外发现了红石板。

他不禁感叹，这真是上天对他额外的眷顾与恩赐呀。

129

从此，闻日戊成了里钓山岛石板师傅之首。

闻氏一族，繁衍生息，闻昭相、闻明忠、闻端行、闻仲方、闻孝龙……一代代都以凿石为生。

渐渐地，石板师傅越来越多，有丁姓的、夏姓的、徐姓的……一个以开掘石材为业的村子逐渐形成了。

130

里钓山岛的石料,究竟有多少品种?几乎人们用到的,都有。

常用的石板、石柱、石条、石子;用于造屋的石门槛、石门框、石门梁、墙脚条石、石窗牖、石狮雕饰、石窗花;放在院子里的碾盘基石,以及辊碾、石磨、捣臼;渔船上用的石沉子、石锚;造坟用的坟穴出水梁、搁梁、别头柱;开店用的大小不一的石狮子。

131

相当长的一段时期里,里钓山岛的石料是供不应求的。这些石料销路广,除了本地市场外,还销往宁波、绍兴、杭州、温州,以及上海、福建、台湾等省市,甚至销往日本、朝鲜及南洋各国。

民国《定海县志》载:

> 岑港西南三钓山有石宕,每年所出颇资于用,运至他处销售者均系砌路用之版,俗呼钓山版。

也就是说,琳琅满目的石料产品中,销得最多最广的是铺路用的石板。

上海滩十里洋场的石板路,也是用钓山板铺的。

132

里钓山岛的石料为何好?

直到石宕将要停止开采时,专家才对石样做了全面的检测。

结论是:宕口的岩体属含角砾晶屑玻屑凝灰岩,色泽单一,整体性好,矿质风化层薄,石质硬度在摩氏 5.6 以上;石质组成以斜长石、石英等晶屑为主,玻屑、浆屑构成主要矿物赋存形式。

出自检测机构的这一报告,一般人看不懂,专业人士看了无不点头。

133

石料好虽然重要,开采作业方法却更加要紧。

"闻氏开采法"现在失传了,只存在于老石匠的传说中。

先要找到一处石质细腻的矿床,揭掉表层岩石,雕琢出一个水平石面。这些活,徒弟都能做。

然后,用短钢锤按所需石料的截面,凿出一排排眼子;再将一种两三寸长的小钢锤,俗称"麻将",插入这些眼子中。这些操作,在师傅的指导下,徒弟也能做。

接下来的活,就要师傅出场了:挥动大锤,轮番击打小钢锤。

这一步,说说简单,做起来难。如果稍微用力不一,截下来的石板就会厚薄不一,甚至板面碎裂。

134

按现代标准,"闻氏开采法"很生态。

相比其他手工开凿法,"闻氏开采法"更加注重按需取材,一锤一锤凿出来的都是成品,所以碎石屑和边角料很少,矿区资源的利用率相对较高。

当然,这也使得开采进度极为缓慢,掌握关键技术的难度也较高。

"闻氏开采法"失传真的很遗憾。

135

如果说,成就里钓石板辉煌一时的,是一位默默无闻的小人物,那么,成就回峰寺(现称外回峰寺)千年历史的,则是一位举世皆知的大人物。

这位大人物,就是王安石。

史载,王安石为回峰寺题写过一首诗:

> 山势欲压海,禅扃向此开。
>
> 鱼龙腥不到,日月影先来。
>
> 树色秋擎出,钟声浪答回。
>
> 何期乘吏役,暂此拂尘埃。

136

　　舟山志书中，最早记载王安石题诗回峰寺的，是元大德《昌国州图志》。此志载：

　　　　王安石，往宋皇祐元年（1049）知明州鄞县事，尝捧郡檄
　　　　至此，题回峰寺诗。

　　之后历代志书，皆沿袭此说。

　　王安石此诗，对于回峰寺来说，有多重要？康熙《定海县志》里的《岑港岙图说》有一句话直接讲明：

　　　　传回峰之好句，则古寺存焉。

　　也就是说，因为有了王安石的这首诗，回峰寺才得以存在。

137

　　近年史学界虽有回峰诗是否为王安石所题、题于何处之争，但这并不重要。

　　重要的是，自宋之后，载于历代舟山志书中的不少寺院，在战争和大迁徙中灰飞烟灭。劫难后重建或重建后保留原寺名的，只有少许。"古寺存焉"是因为"传回峰之好句"，确实是不争的事实。

王安石与回峰寺

138

北宋皇祐元年（1049），王安石来到回峰寺时，这座寺院已建立了八十九年。

宋宝庆《四明志·昌国县志》载，回峰寺始建于宋建隆元年（960），并赐额。

赐额很重要。宋代寺院制度中，最为重要的是赐额制度。只有被赐额的寺庙，才有合法性。没有赐额的寺庙，都被看作是要拆毁的对象。

赐额了八十九年的回峰寺，在王安石到来时，已是香火鼎盛。

139

时任鄞县县令的王安石，还没到"三十而立"的年纪。他虽然诗写得好，但尚未像后来那样受到重视。

过了二十一年，北宋熙宁三年（1070），王安石正式拜相。又过了三年，王安石奏请恢复舟山县治，宋神宗赐县名"昌国"。

由此，王安石成为舟山建制史上功勋卓著之人，而回峰寺舟山千年名寺的地位，也就愈加不可动摇。

名人名寺，哪怕诗真的不是王安石所题，也只能说是王安石所题了；哪怕不是题在此地，也只能说是题在此地了。

140

元大德《昌国州图志》载：

> ……既而创县名为昌国。意其东控日本，北接登莱，南亘瓯闽，西通吴会，实海中之巨障，足以昌壮国势焉。

王安石当年奏请宋神宗准许建立昌国县，其大局观，简直让人怀疑他是穿越到古代去的现代人。

141

岑港有底蕴，也有颜值。

西堠门大桥如一道彩练，横跨于西堠门水道。

紧挨大桥，册子岛上有月亮湾风景区。

其核心区块门岙涂和蟹山区域设有两千米游步道和七个观景平台，游客可观赏那创造了世界桥梁建设史中诸多第一的西堠门大桥。

大桥是舟山的门户，也是岑港的门户。

142

岑港马目山风车露营地，虽还未在全国出圈、人气爆棚，但毫无异议，它是中国最美日照的拍摄地之一。

月亮湾景区

马目山风车露营地

视野中,有广阔的大海,有遥远的天际线,有奇形怪状的岛屿,有大大小小的船只,有耸立天穹的风车,还有一座通向天边的桥。以上,有其一者之地不难找,集大成之地世所罕见。马目山算是集大成了。

143

1号风车露营地,拍大海日出最美。

2号、3号风车露营地,可远眺五峙山列岛,可近观黄金湾水库,还是看夕阳的最佳观景处。

马目山上,风车露营地共有十六处。

风车原本只是发电设施,提供清洁能源。在建设风电项目时留下的施工便道上,铺上沥青,装上护栏,一条串联十六个风车点的景观路便问世了。驱车在这条路上,在每个风车点停留一下,便能欣赏不同的生态景观。

"风车王国"荷兰太远,去岑港吧!

144

哪怕是一棵树,站在原野上,也能成为一道风景。

真的有那么一棵树,成了网红打卡点。

岑港马目村北斗岙有一棵黄连木,突然间树叶变红了。那一年,各地都在晒自家的"彩虹树",晒一棵火一棵,北斗岙的那棵也火了。

黄连木,落叶乔木,因其木材色黄味苦似中药黄连而得名。黄连木

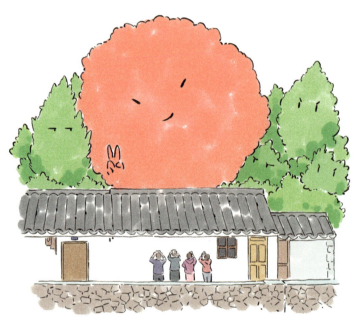

北斗岙"彩虹树"

树叶变色原是常态,由于受到的光照不同,树叶会呈现红色、黄色、绿色等不同颜色,各地晒出的"彩虹树"大都如此。但北斗峇的那棵显然不同,它的树冠如顶着一团红彤彤的锦球,人们在数百米外也瞧得见它那惊艳之红。

树叶为什么特别红?附近的老人表示,这棵黄连木的树叶,如此泛红还是头一回。回答得让人觉得没回答。

那是 2023 年 11 月。

145

流量迅速变现是如今许多人的梦想。北斗峇的那棵网红树,在那一年实现了梦想。

北斗峇,马目乱石山岗西南麓的一处山峇,因形似北斗而得名。原先这里住着八十多户人家,如今只剩几位老人,满山峇的柑橘、文旦,熟了没人采摘。

那一年黄连木新晋顶流,让北斗峇的柑橘、文旦迅速变现,连同田里种的芋艿、红薯,一起成了畅销货,被那些来看网红树的城里人买走了。

从此,村里的老人就盼着黄连木树叶在下一年也能红得如此妖娆。

146

离这棵黄连木不远,有个保安庙,供的是薛仁贵。

薛仁贵,山西人,唐初名将,作战二十余年,留下过"三箭定天山"

"神勇收辽东""脱帽退万敌"等典故。

许多人觉得岑港保安庙,应该与抗倭古战场有关。其实,始建于明清年间的保安庙,为何而建另有渊源。

有位农夫在海岸劳作时,望见从老远的海面上漂来一块木板,漂到岩礁缝里卡住了。农夫捡来本想当柴烧,忽见木板上有三个字,回家后请识字人辨认,是"薛仁贵"三字。乡民们都认为薛仁贵是精忠报国、保一方民众平安的英雄,木板漂入此处说明薛仁贵与他们有缘,于是建起了保安庙。

147

最早建起的保安庙,并非在现址,而是在长坑,后来才迁到北斗岙。

因一块漂来木板上的三个字,乡民们建起一座庙,可以理解为那时候的马目不大太平,因而将岁岁平安的祈愿寄托于此番因缘际会之中。但想不到的是,这种情怀一旦根植于心,代代相传,便成了不可撼动的集体意志。

查阅保安庙的历史沿革,我们发现,自 20 世纪 50 年代后期至今,马目人已在黄金湾深岙、长坑、北斗岙三次易址修建保安庙。每次拆迁都是因为面临不可抗拒的情形,但每次民众都自愿捐资重建,那份情怀任谁也难以撼动。

这座保安庙,虽没有像"彩虹树"那样的顶尖流量,但它搁在人的心头,却是沉甸甸地放不下。

148

舟山老话头里,被说得最惨的是绝壁坎村。

绝壁,山势险峻的悬崖绝壁。坎,小坑,低洼处。悬崖绝壁下的一处低洼地,这就是舟山绝壁坎村。

老话头里有句俗语:"东到塘头茶壶甩,西到马目绝壁坎。"也就是说,这绝壁坎,是最西边的偏僻地方。

这话并无杀伤力,关键是下面一句:"马目绝壁坎,一年呒没三餐饭看见。"

为什么没饭吃呢?因为绝壁坎少有水田,作物只有番薯与麦,还有土豆,所以那里的百姓一年四季吃不上几顿白米饭。

不像现在,番薯和土豆都是营养食品,卖得比大米还贵。那时候,吃不上白米饭,就是吃不上饭了。大米,几乎成了粮食的代名词。

一个"一年呒没三餐饭看见"的地方,还能是好地方吗?

149

"绝壁坎"还有一层意思是交通不便。

它三面环山,北邻灰鳖洋。除坐船外,出入都要爬山。

以前去绝壁坎村,要么从步枪湾翻山越岭,这条蜿蜒曲折的山路,是绝壁坎村最早通向外面的古道;要么沿一条盘山公路开车到山顶,再顺着一条崎岖的小山路,从山顶走到绝壁坎村。

如今,去绝壁坎村,有修好的通车公路。在山腰上盘旋几圈,再拐个大弯,便到了绝壁坎村。

150

如今的绝壁坎,说是古村,遗迹却只有一处残垣断壁,以及两排旧校舍。

曾经困惑,为什么不多保留一点当年的印迹呢?查阅志书,才恍然大悟。

绝壁坎其实有两个,一个是"绝壁坎村",一个是"绝壁坎自然村","绝壁坎自然村"是"绝壁坎村"的村委会所在地。

现在我们所说的绝壁坎,指的是绝壁坎自然村。那里原有居民五户二十人,其中三户十三人于1992年迁居东海农场。至1999年底,绝壁坎常住居民仅余两户七人。

绝壁坎村,辖三个自然村,原有八十二户二百二十六人,绝大多数村民于1992年迁居东海农场。至1999年底,这里常住居民有十户二十四人。

想想,又是二十多年过去了,这样的古村落还能留下多少当年的印迹呢?

151

绝壁坎现存两处建筑,都是过去的学校。

响水礁附近的那五间矮房,是绝壁坎最早的小学校舍,建于20世纪60年代中期。如今矮房已没了屋顶。

挂牌"马关小学"的那排平房,用矮石墙围起了一个小院子。它建于1983年,如今除了门窗尽失外,房屋主体结构基本完整。

两排校舍能窥见绝壁坎的往昔。

152

绝壁坎村最早的学校是"耕读小学"。耕读小学并非正式校名,只不过是因为学子们半日识字习文,半日田间劳作,才得这一口口相传的称呼。

此时校舍并不固定,时而借用村民堂屋作为课堂,时而于村间空地搭建临时教室。一张历经风霜的八仙桌、四条参差不齐的长凳、一位临时聘用的教师,以及五六名求知若渴的孩童,便是学校的全部。

哪怕处于最偏僻之地,让孩子读书仍是村民们最迫切的愿望。

153

马极小学是1972年成立的,村级小学,公办村助,由公社派遣一位师范生执教,村里又自聘一位民办教师。学校设两个复式班,一班为一至三年级复式,另一班为四、五年级复式,共有学生一百一十名。

成立时,校舍仍沿用响水礁附近的旧房子,直到十一年后,新校舍方落成。

岑港有意思

马极小学

154

1993 年马极小学停办,直接原因是 1992 年大批村民迁居东海农场。但村民外迁在此之前就已开始,所以马极小学最后几年仅剩下一个一、二年级的复式班,且实行隔年招收新生。

从 1972 年成立,到 1993 年停办,马极小学连头带尾也就二十一年历史。但它在这个绝世而隐秘之地,闪烁着重教之光。

155

如今的绝壁坎,种上了大片草坪,俨然成了一处汽车露营基地。吞口海滩边,几棵老树迎着辽阔的海面伫立,远远看去像一幅油画。

除两排校舍外,另有几处残垣断壁,长着草,爬满山藤,蓝天白云下,透着历史沧桑感。

156

这个绝壁坎村所在的马目,原本是个悬水小岛,与岑港并不相连。

绝壁坎村在马目岛的西北端。

岑港的西北端,原本是坞丘。坞丘与马目只隔一条窄窄的海峡。

所以,那时候,舟山本岛有"东到塘头,西到坞丘"之说。

当马目岛与舟山本岛筑塘填涂相连后,舟山本岛就变成"东到塘头,西到绝壁坎"了。

157

关于"马目"地名的来历,1994 年版《定海县志》载:

> 相传古有马死葬此,名马墓,谐音马目。

来源是一则民间传说,说有个做官的父亲叫儿子去无名岛养马,结果马死光了葬在那里,岛就以"马墓"为名。

海岛上,马是稀罕物,难得一见,怎么会出现一个叫"马墓"的地名? 更遑论在悬水小岛之上。那时的民间小船,要渡几匹活马,也不是一件容易的事。

158

岑港与马目的陆地相连,是在 1958 年。

先筑两条海塘,将两边连起来。然后在塘内围涂造田。这围起来的地,后来成了东海农场。

围垦前,岑港与马目之间的海沟,宽约千米,两边都已淤积起泥涂,退潮时会露出沟底。那时,坞丘人到马目,马目人到坞丘,都掐着时间等退潮。潮退了,他们就在滩涂上徒步往返。

159

清光绪王亨彦《定海乡土教科书》，提及马目与坞丘之间的交通，说是"济渡用拖桶"，因为"港渐淤涨，难用船也"。

这种拖桶，木质椭圆形，装有推把，桶底两头翘起，方便在泥涂上滑行。

拖桶从清光绪年间开始使用，一直持续到1958年。

坐一次拖桶的价格，在1958年停止运行前是两毛钱。

1953年，粮食实行统购统销，南方大米的价格平均为0.175元一斤，坐一次拖桶相当于吃一斤大米。这有点奢侈，坐的人并不多。

拖桶，是中国最独特的岛岛相渡工具。

160

这场围垦，当时叫"马目港围垦"。千余人经半年突击，修起两条四千六百余米长的大海塘，围起四千余亩的大海涂。

最早围起来的马目港，养过鱼，晒过盐。之后历经一年年放水冲淡、挑沙加土、山泥盖孔，人们又把猪粪和青草经发酵制成的土杂肥，一遍遍地撒到围垦地里。白花花的盐碱泥涂，慢慢地变成了黑黝黝的肥沃土壤。

1961年第一次试种夏粮作物，种植收割从此起。多穗高粱、玉米、六月豆、棉花交替播种，海涂边沿高地上则种上软菜、大萝卜、大头菜。棉花也开始大面积种植，白茫茫的棉田一望无际。接着是棉花和水稻每年交替种植。待到昔日盐碱地全都成为水稻田,沧海终于变桑田。

这部演变史,若一年年跟踪拍摄成纪录片,肯定得大奖,可惜当年没有人想到。

161

"娃哈哈"创始人宗庆后在马目东海农场插过队。

"插队",估计再过一二十年,新生代就会听不懂这一名词。

"插队"专指知识青年"上山下乡"。"上山下乡"是什么意思?估计过不了多少年,也会变成一个需要注解的名词。

宗庆后在东海农场插队的时间是 1963 年,与他一起到东海农场的还有几十名杭州知识青年。这一年宗庆后十八岁。到了 1964 年,包括宗庆后在内的很多知青又被安排去了绍兴茶场。

当年留下的一张合照上,宗庆后站在最后一排,左手搭在一位小个子的肩膀上,右手举起呈挥手状——整张照片上,唯有他一人在挥手。

162

面对再苦的农场生活,宗庆后仍是"娃哈哈"。

《宗庆后传奇——平民首富的中国奋斗史》一书中记载,负责知青工作的农场书记向宗庆后描绘了农场的美好发展前景:农场就在大海边上,有广阔的土地、成片的盐田,正等待着革命青年去大显身手……

宗庆后听后迫不及待地报名,来到了舟山。然而,当期盼已久的舟山农场展现在宗庆后面前的时候,呈现出的却是另一番景象:

> 他望着荒凉且寸草不生的海滩,怎么也开心不起来,这里根本不像农场书记口中描述的那样,其恶劣的地质环境就像戈壁滩一样。

每天的工作就是挖沟、修海塘,现在马目还有他们知青当年用的水井、住过的房子。他们住的是八至十人间的房子,睡的是高低床。

宗庆后迅速调整了心态。他默默地告诉自己:虽然工作环境恶劣,但好在工作稳定,凭着自己的双手挣钱,可以改善家里的经济情况。

2018年,七十三岁的宗庆后在浙江经视《浙江民营经济改革开放——40年40人》中,谈到了当时他为何能够顺利完成心态调整:他的兄弟姐妹有五个,作为老大的他早早扛起生活重担,当时家庭生活还是比较拮据的,有的时候家人吃了上顿没下顿,他也打过很多零工。

同年,宗庆后在央视《朗读者》节目中和主持人讲起,在马目农场的日子,让他学会了"吃苦"和"坚韧",这就是一笔财富。

虽然在马目农场只干了一年,但在当年的舟山地区上山下乡知识青年先进分子名单中,宗庆后榜上有名。

163

岑港双鸦岙,尖峰山下,有个万花谷,隐在幽深山林间。

平坦的山地上，赫然耸立着一座玻璃建筑，全透明的玻璃墙，配以木门，外观时尚却不失古朴。

轻推门扉，一处江南韵味十足的景致映入眼帘。各种奇异花卉争相怒放；葱绿盆景错落有致地摆放着；一溪流水，花草芬芳，随处洋溢着盎然生机。

置身其间，冥冥中感知一份雅趣、一份禅意，或许源于一盏吊灯，或许源于一把木桌椅，抑或是案几上的一套紫砂茶具、花房里的那一架古筝。

164

现存最大部头的宋版书是《锦绣万花谷》，一百余卷的《锦绣万花谷》是宋代人的百科全书和"数据库"，被称为"类书"，也是宋朝文人的写作参考书。

《锦绣万花谷》载有"花中十友曾端伯十友调笑令"：

> 取友于十花：芳友者，兰也；清友者，梅也；奇友者，蜡梅也；殊友者，瑞香也；净友者，莲也；禅友者，蘑卜也；佳友者，菊也；仙友者，岩桂也；名友者，海棠也；韵友者，荼蘼也。

万花谷里，花卉多达五十种，"取友十花"可一一品赏。

还有四季水果二十多种，杨梅、樱桃、蓝莓、橘子、桃子、李子、柚子、桑葚……

万花谷

沏一壶清茶，焚一炉禅香，听一首古曲，读一册书卷，"闲心对定水，清净两无尘"。

165

岑港有个古窑里。

窑壁呈圆桶形，外壁用石块叠成，内壁用砖块交错砌成，看似毫无规则，却经年不倒。窑顶有长约一米的烟囱，同样用砖块垒成。

窑壁两边是操作间，柱、梁、椽均为木质结构，在漫长岁月的浸润下，部分已圮。

这是舟山罕见的保存较为完好的瓦片窑遗址。

166

岑港人制瓦已有年头，但这年头究竟多久尚待考证。

至于此窑建造年代，村民也众说纷纭，有说百年以上的，也有说五六十年的。是烧瓦，还是烧砖？村民众口一词说是以烧瓦为主，还带我们去看留下来的瓦件，如筒瓦、板瓦、勾头瓦、滴水瓦、罗锅瓦，以及脊兽、挑角、正吻、合角吻等。这些都藏在一户村民家的院子里。据说还有村民保存着印坯——瓦件的模具，可惜没能见到。

167

古窑后有一大片空地，瓦坯便在此制成。附近山上有黏性很强的

古窑里

黄泥巴，掘来后加点水，用脚反复踩踏，直到土变得更有黏性和弹性。然后拿来模具，将黄泥装进模具，赤脚用力踩实，倒出来后用小竹片磨滑，瓦坯便制成了。

做好的瓦坯先堆放在古窑旁的棚子里，堆放时每层瓦坯都得撒上一层细土，以防瓦坯粘连。棚子是敞开的，除了紧靠窑壁那面，其他三面均无遮挡，风"呜呜呜"吹几天，风干的瓦坯便能进窑烧制了。

我们首次见到古窑时，那个棚子还在。

168

古窑旁有一条河、一口井。

瓦窑的位置选择是有讲究的，一般会选择邻近水源处。因为制作瓦坯、砖坯需要用水，烧制青砖也需用到水。

瓦坯送入窑炉后，得连续烧上约十五天。停火后，用砖块、泥浆封堵窑口和烟囱，密闭瓦窑八至十天。在隔绝空气的情况下，瓦坯借瓦窑内的高温慢慢变黑，变成"黑瓦"。

烧制青砖，则需经过一道叫"杀青"的工序，这时就需要用到水了。砖坯烧熟后，通过连接古窑的一条地面小水沟引水进窑，随即封闭窑门。进炉的水变成了蒸气，熟透的砖坯在蒸气中慢慢地由黄色转变成青色，遂变成了青砖。

169

我们很想在古窑所在村或者周围，找到一位古窑工，几次去寻找都未能如愿。

村民说，没人再干这活了，窑也多年没烧了，这古窑能留下来没拆掉，也是意料之外的事。

想想也是。

烧窑是门技术活，单是装窑——将瓦坯有规则地叠放，现在就已经没人会整了。这规则，难就难在既要确保瓦坯垂直堆码齐整如矩，每一摞之间又须保持一定的角度，以防瓦坯在烧制时因高温膨胀而互相碰撞导致变形。

烧窑是门苦累活——窑内的温度达到上千摄氏度，窑外温度也有四五十摄氏度，窑工需二十四小时值守，不停地向窑内添柴，随时观察火候，让窑连续烧约十五天。不管夏天还是冬天，守在炉旁的窑工都只穿一条大短裤，光着膀子赤着脚。

现代人更喜欢坐在空调房里，品品茶，喝喝咖啡。

170

于是，古窑旁新建起"听树茶苑"。

茶苑里，饮茶很妙，饮咖亦可，中西融合，器具皆为古朴精美的"中国风"。大片的落地玻璃窗将阳光尽数收拢在室内，若在夏日，也带来了窗外百亩荷塘的盈盈绿意。荷叶密密麻麻，小鱼在荷叶下的水塘里嬉戏，偶尔还有几声蛙鸣……

古窑里是夏日消暑的绝佳去处。若到了冬天，则可在此围炉煮茶，此时一池枯荷，叶似伞，茎似箭，顶着干枯的莲蓬，再以湖水为布，泼染几分霞的橙红,整个画面恰似一幅水墨画。

闲情逸致中,透过玻璃窗看看古窑,读一部《岑港有意思》,倒也显得蛮有情调,拍个照,美美的。

171

古窑旁的那口井,虽井水清澈,但还算不上岑港最有名的井。

岑港最有名的井,叫王家金水井,在岑港桥头村,岑港水库大坝下。

这井是什么时候开掘的?有说 1880 年的,也有说 1760 年的,反正都是庚辰年,这庚辰年是井壁上刻着的,错不了,但究竟是哪个庚辰年,无论"1880 年说"还是"1760 年说"都是合理推测而了无证据。那就不管它,就说是口古井吧。

此井奇异处,是井圈四块方形石壁上,皆有阴刻文字,分别是"金水井""私记井""庚辰年""里大房"。这四组题字中,除"庚辰年"被解读出两个不同年代外,"金水井"亦从《大明一统名胜志》所引《宋永初山川记》中得证:"(金水井)出泉二色,半青半黄。黄者如灰,作引粥,并金色而且芬香。"此说,其实在《酉阳杂俎·物异》和《水经注》中都有类似记载。

所以王家金水井的有意思,在于它有文化,演绎出一种种说法来。

172

岑港还有口古方井,在龙潭小岙。

方井旁,竖一碑,碑文上刻着:

　　古方井者,汲水之源也,古之民生,皆赖之以存。岑港古
方井始建于明代,距今四百余年,井圈边长四尺八寸,井深四
尺八寸,中间石横梁宽约八寸,井口皆铺石板,井底的井壁皆
石壁所叠。井水源于白龙潭,得白老龙庇护,年复而不涸。
方井东侧设有井神香堂,每逢佳节村民取井水祈福,祈愿家
宅平安、祛病强身、五谷丰登。方井水,历数百年永流不息,
一方福泽之所寄,经年累月祈福之声,不绝于耳。

　　　　　　　　　　　　　　　　　　　甲辰年

井旁设井神香堂的,在舟山罕见。

井旁祈福声经年累月不绝,又有白老龙庇护,笼罩着神圣色彩。

井圈边长与井深尺寸相等,是否有寓意?

173

一江春水向东流,流入黄金湾水库。

此江,乃富春江,源头在安徽省东南部休宁县六股尖,主峰高达一
千六百三十米。富春江两岸雨水丰沛,江水清澈见底,水质常年保持
在Ⅱ类,属于优质水源。

流入黄金湾水库的富春江水,先是通过萧山枢纽工程,流入上虞
曹娥江,再通过曹娥江大闸、曹娥江至慈溪引水工程、曹娥江至宁波引

金水井

水工程,汇入姚江,途经宁波市郊李溪渡、岚山泵站,最后通过舟山大陆引水工程的海底管道,输送到岑港马目黄金湾水库。

174

去岑港,黄金湾水库是必须要去看的。

看黄金湾水库,要从山顶看。

从定海出发,驾车到达马目后,取道马黄线,经过马目农场,翻过一座山,便到了黄金湾。

在山顶俯瞰,黄金湾三面环山,只有西边面对波涛滚滚的灰鳖洋,它像一个畚斗,畚斗口被一条坚固的标准海塘拦住,弓弦一样笔直的海塘将整个黄金湾围成·个三千余亩的盆地。黄金湾水库就建在这里。

在山顶俯瞰,黄金湾水库如平地之湖,一条大坝拦在湖与海之间,坝内是湖,坝外是海,这是世界上离大海最近的湖。

175

黄金湾为何叫黄金湾?

《舟山市定海区地名志》载:

> 相传村内曾植有一树,花开茂盛,色如黄金,故名。

花冠黄金色的树,岂不就是古代的"彩虹树"?古人没有点击流量可炫耀，干脆就把地名改作黄金湾。

但黄金湾一直徒有其名，村里连耕地都在邻村，一百六十多户人家，都是挖山建的房，块状散居，一切寻常得很。直到建造水库，成为舟山最大水源地，黄金湾才真正变成"生命之源"黄金湾。

176

舟山岛岛北引水工程，大沙调蓄水库，金塘岛引水工程，岱山岛引水二期工程，衢山岛、秀山岛、六横岛、普陀山岛引水工程，这些引水工程的水源都来自黄金湾水库。

岑港有龙潭，昔日是祈雨之地。今日的黄金湾水库是岑港最大的龙潭，而且不用祈雨，只要打开管道阀门，水便会哗哗而来。

177

舟山是个旱灾频发的城市，历史上平均一点二三年就有一次。

1967年大旱，舟山连续四个多月滴雨未下，水库库底龟裂，水井干涸，最后仰赖上海派出的四艘大庆油轮运送长江水，才渡过难关。

当年油轮到达石灰道头时，码头上人头攒动，大家提着各式各样的盛水工具，排队领取"救命水"。那时二三十岁的挑水者，如今垂垂老矣，但此事难忘。

黄金湾水库

178

1995 年至 1996 年的一场大旱,一直被认为是 1949 年后舟山损失最为严重的一次旱灾。其实,从降雨量看,1996 年还不能算是干旱年。

为什么会这样?因为城市愈发达,经济愈发展,居民生活条件愈好,城市和居民的干旱承受能力就愈弱。

就像一个人洗澡,一星期洗一次澡时的承受能力,与习惯于一天洗一次澡时的承受能力截然不同;用一盆水擦擦身与非得在水龙头下哗哗淋身,对于干旱的承受力是完全不同的。

179

1998 年,舟山与宁波达成共识,引入姚江之水。宁波姚江又名余姚江,发源于四明山夏家岭,流经梁弄、余姚、丈亭,在宁波三江口与奉化江汇合入甬江,全长约一百零九千米。1959 年 7 月,宁波在姚江下游建了一座姚江大闸,用于挡潮蓄淡,把原为潮汐河的姚江变成了江道型水库,集雨面积达一千九百一十八平方千米。

1998 年 5 月,舟山大陆引水工程启动。输水管道在镇海岚山水库附近海岸入海,穿越杭州湾灰鳖洋海底,在岑港马目黄金湾上岸。

这是当时我国最长的海底输水管道。

180

黄金湾水库把一座叫桃花山的小岛与马目连在了一起。

桃花山岛上有"桃花女石","桃花女石"名留县志。

这是一块高约两米半的大石头,远远望去,像一位少女在痴情眺望。她在眺望什么呢?

在马目人的传说中,桃花女原是仙女,来自天上,与东海小岛一少年相恋相爱。她把长在海湾的黄颈树点化成黄金树,从此他们的住处就叫"黄金湾"。

这故事的结局还是老套的棒打鸳鸯:情郎丧命,仙女变石,千古凝望。然而,故事还是留了一条引人遐想的光明尾巴:桃花女石旁长出一棵桃树,每到春天就嫣红一片,馨香百里。

正因黄金湾地处偏僻之地,所以才会衍生出如此美丽的民间传说。如今,黄金湾真正成了黄金湾,也不枉桃花女在此站立了千百年。

181

黄金湾有"桃花女石",也有"桃花石"。

有舟山民间文学家,在黄金湾千米海塘堤石中,发现了许多"桃花石",石上桃花纹路自然生成,如图画一般。

这些深褐色"桃花石",采自马目石宕。它是侏罗纪晚期火山活动的产物,学名叫次流纹质晶屑玻屑熔结凝灰岩石。

水润黄金湾,因为有了"桃花女石""桃花石",才更加妖娆多姿。

桃花女石

182

岑港大桥下,老塘花田畈,坐落着一个低密度排屋小区,名叫"桃花苑"。原定海水泥厂旧址,建有多层住宅新村,名叫"芳菲苑"。

桃花苑的居民为黄金湾水库五百多户移民搬迁户。黄金湾有一块滩涂,名桃花涂。从桃花涂到桃花苑,一字之差使移民们感到家仍是老家,只是搬了一块地方。而原先的桃花涂,恰似一束水印桃花恣意泼墨晕染,依然袅娜在黄金湾。

183

岑港大桥是舟山大陆连岛大桥群的第一座桥。

1997年后,舟山两个"登陆工程",即舟山大陆引水工程和舟山大陆连岛工程,都选择岑港作为登陆点和桥头堡。

184

现在许多人不知道的是,舟山跨海大桥曾经有两个选址方案,其中一个与岑港无关,但历史最终选择了岑港。

中国工程院院士项海帆,是舟山跨海大桥的设计师。1998年前后,他受邀到舟山为大桥选址,乘着小船在海上勘察了五天,最后用笔在海图上绘下东西两线——

东线,与当时轮渡营运的"蓝色公路"相吻合,以盐仓鸭蛋山为起始点,到宁波白峰登陆。

西线,即今天跨海大桥的走向,从岑港,经里钓山岛、富翅岛、册子岛、金塘岛,在宁波北仑登陆。

相比西线,东线无疑是一条"捷径"。

但最终选址,如今天所见,选择了西线,选择了岑港。

185

四面皆海,非舟楫不能往来。自古以来,这是舟山最形象的写照。

舟山人曾饱尝孤悬海上、舟楫相渡之苦。舟山与宁波的直线距离只不过十三千米,鸡犬相闻,但只能隔海相望。

修筑一条全天候连通大陆的通道,成为舟山人的百年夙愿。

1999年9月26日,舟山大陆连岛工程第一座桥——岑港大桥开工。现在所说的跨海大桥十年建设期由此开始计算。

2001年7月28日下午3时48分,随着最后一根长二十米的箱形梁稳稳地吊装在大桥的桥墩上,岑港大桥全桥贯通。

在跨海大桥五座桥中,属于"轻量级"的岑港大桥,意义却是"重量级"。

186

岑港大桥、响礁门大桥、桃夭门大桥,组成了舟山大陆连岛工程一期项目,起自岑港大田岙庄鸡山嘴,连接里钓山岛、富翅岛、册子岛。这三座桥,均在如今的岑港街道境内。

变局顷刻间发生。在岑港大桥架通当月，由原先的马目、岑港、烟墩三个乡镇合并而成的新岑港成立。

十二年后，册子岛、富翅岛等十八个面积大于五百平方米的小岛，也划入岑港街道。

187

大桥建设期间，发生了许多与桥相关的"有意思"故事。一位名叫"成名"的网友，在"舟山论坛"发帖称，他和朋友完成了"史无前例"的舟山至宁波徒步之旅，先后经过岑港大桥、响礁门大桥、桃夭门大桥、西堠门大桥、金塘大桥，行程约五十千米，步行时间约十二小时。

他说，此事大家谋划很久，通车后再没机会徒步走大桥了。

确实如此，现在想走也走不了。

188

一对安徽新郎新娘，在桃夭门大桥附近山坡上，种下了一棵爱情树。

新郎叫朱梦亮，新娘叫查文文，都是安徽铜陵人，也都是大桥建设者。

189

桥名征集是舟山大陆连岛工程即将竣工时的一项创意活动。

一个多月时间,一千四百零六人为大桥起了一千零七十个不同的桥名。

经过两轮评审,又通过市民投票,确定了八个桥名为入围桥名,按得票数从高到低排列,分别为:舟山跨海大桥、舟甬跨海大桥、舟山连岛大桥、舟山大桥、舟山群岛大桥、东海明珠大桥、海中洲大桥、舟山海峡大桥。

舟山跨海大桥这一桥名,就是这样来的。

190

今天的甬舟高铁,那时在民间就有筹划。

2008 年,舟山发起"舟山发展金点子"征集活动,市民朱岱鸣提出再建一条甬舟跨海铁路的点子。

他设想的"半岛铁路",基本定义为:沟通舟山与宁波,并深入舟山本岛的跨海铁路通道。名称暂定为:甬舟铁路。关键载体为:铁路公路两用桥或海底隧道,鉴于已有跨海大桥,倾向于铁路在上层、公路在下层的两用桥。上岸地点为:宁波方向,或镇海,或北仑,鉴于北仑已规划设置铁路集装箱中心站,倾向于北仑上岸;舟山方向,以本岛西南部为好。此外,设想的本岛内线路分为:南线一条,接点至沈家门;同时开一条北线,接点至展茅。环岛线路起始站为沈家门或新城。

十二年后,2020 年 12 月 22 日,甬舟铁路破土动工。此时再来读 2008 年舟山一位普通市民的"金点子",令人感慨万分。

191

非常之地，建非常之桥！如果说舟山跨海大桥是世界桥梁史上一顶熠熠生辉的皇冠，那么西堠门大桥则是皇冠上最为璀璨的钻石。

西堠门大桥，连接岑港册子岛和金塘岛。

《舟山有意思》里，曾讲述这一由西堠门水道条件所衍生出来的大桥奇迹：

> 而其中的西堠门大桥，更是创下了多项"桥梁第一""桥梁之最"：
>
> 国内第一座在台风区宽阔海面建造的大跨径钢箱梁悬索桥；
>
> 世界上最大跨径的钢箱梁悬索桥；
>
> 世界上第一座采用分体式钢箱梁的悬索桥；
>
> 中国最长、最重主缆，长约两千八百八十米，重约一万零六百一十四吨；
>
> 中国直径最粗、强度最高的钢丝绳吊索；
>
> 钢箱梁连续长度两千二百二十八米，为国内第一、世界第二；
>
> 国内首次采用直升机牵引先导索过海，首次实现不封航作业；
>
> 中国悬索桥第一高塔。

西堠门大桥

··········

驱车驶过五座跨海大桥时,有没有想到过你的车轮正碾过一个个世界首创、中国第一?

192

西堠门大桥的八项奇迹中,分量最重的两项是"国内第一座在台风区宽阔海面建造的大跨径钢箱梁悬索桥"和"国内首次采用直升机牵引先导索过海,首次实现不封航作业"。

193

西堠门大桥的桥位区,每年都有三至五个台风"光顾"。

在桥梁专家眼里,风是悬索桥的致命弱点。

风吹过来作用于桥体而产生的桥身颤振,会导致桥体摇摆幅度越来越大,直到超过桥本身的承受能力,最终可能导致桥梁的毁坏。

桥的跨度越大,桥梁结构的刚度就越小,就像一个瘦高个比一个矮胖子更容易被风吹倒。

专家并不是杞人忧天。1940 年 11 月 7 日,当时享有"世界单跨桥之王"美誉的美国塔科马海峡大桥,在风的作用下产生了颤振,大桥开始歪扭、翻腾,桥基被拖得歪来歪去,左右摆动达四十五度。最后,随着震耳欲聋的巨响,通车才一百多天的大桥竟一头栽进了海里。

194

风洞试验帮助西堠门大桥解决了桥身颤振问题。

西堠门大桥在建造时，便委托国内相关专业最权威的同济大学和西南交通大学进行风洞试验，还邀请国外享有盛誉的丹麦科威公司进行第三方风洞试验。

何为风洞试验？它原本用于航空领域，简单地说，就是在地面上人为地创设一个"天空"，制造气流流过，将飞行器的模型或实物固定在这个人工环境中，从而模拟空中各种复杂的飞行状态，并获取试验数据。

这一流体力学的风洞试验，被运用于西堠门大桥的建造中。

如今我们看到的西堠门大桥，曾以一比二百零八的比例制作全桥模型，进行风洞试验，结论是：即使风力达到 17 级，西堠门大桥也不会发生颤振现象。

195

风洞试验所得数据只是设计依据，而克服桥身颤振最终得靠设计。

分体式双箱断面钢箱梁，中间开槽六米。桥塔不是常规的矩形，而是在四个角设了"七十厘米×七十厘米"的倒角。

西堠门大桥成为世界上第一座采用分体式钢箱梁的悬索桥，是以中央开槽技术解决大跨径悬索桥颤振稳定性问题的首次实践。

考验在建桥时便遭遇了：2007 年，"韦帕"和"罗莎"两个超强台风侵袭舟山，西堠门大桥桥上实测最大风力达到 13 级，正处于架梁期的西堠门大桥经受住了严峻的考验。

<h2 style="text-align:center">196</h2>

西堠门大桥施工时，最壮观的场景是先导索过海，宛若上演一场"空中芭蕾"。

在相距一千六百五十米、高达两百多米的两座索塔之间，工人们采用 Z-9 直升机牵引着六毫米粗的先导索——迪尼玛绳，为南北两塔牵上"红线"。

2006 年 8 月 1 日上午 9 时，直升机带上辅助牵引绳腾空而起，画出一道优美的弧线后，折向西堠门大桥南塔。9 时 3 分，直升机飞临南塔上空，降低高度后开始悬停。9 时 7 分，塔上的先导索与机上的辅助牵引绳顺利连接。9 时 9 分，直升机牵引着先导索飞向北塔。9 时 23 分，先导索在北塔被工人扣牢固定。9 时 27 分，现场总指挥宣布直升机牵引先导索过海取得成功。

这场"空中芭蕾"，被记录在中国桥梁史上。

<h2 style="text-align:center">197</h2>

先导索过海，是为了架设空中猫道。

空中飞索后，通过安置在南北锚碇的卷扬机实施牵引，过海后的先导索逐次被转换成直径十三毫米、二十二毫米、三十六毫米的牵引索。索引系统固定后，猫道就形成了。

房屋的施工平台，是用脚手架搭起来的。而大桥主缆和桥面的施工平台，是悬于空中的猫道。

198

长长的先导索如何从南塔抵达彼岸的北塔？这曾是西堠门大桥建设中的一只"拦路虎"。

西堠门多变的气候、复杂的水流情况，使国内外使用过的许多先导索过海法，一经提出就被否定：海底直接铺设法，安全系数不高；浮子法，难度实在太大；火箭发射法，精度难以保证。

最终决定采用的直升机牵引先导索过海的方法，在日本明石海峡大桥建设时采用过。

但日本用的是大型"美洲豹"直升机，能直接把放索盘吊挂在飞机上。舟山没有"美洲豹"，只有 Z-9 直升机，那就只能把放索盘安装在索塔上，先用直升机牵引一根细细的先导线过海，再转换成粗粗的牵引索。

199

舟山跨海大桥按百年寿命设计。这是一个重若千斤的承诺。

作为舟山大陆连岛工程中技术要求最高的特大型跨海桥梁，西堠门大桥要实现这一承诺，是要靠一个个"世界首创""中国第一"来保证的。

看舟山跨海大桥,先得看西堠门大桥。所以,大桥观光区建在紧挨西堠门大桥的册子岛月亮湾。

月亮湾景区有两千米游步道和七个观景平台,游客可观赏那创造了世界桥梁建设史中诸多第一的西堠门大桥,感受西堠门水道自然造化与人类智慧的完美结合。

如果拍照,门头山是最佳位置。游客从大桥的册子收费站下来,往南驱车三分钟左右即可到达。门头山观景平台高约八十九米,可以仰看、俯瞰、侧看,多角度多层次地欣赏西堠门大桥和桃夭门大桥,还可以领略周围的山海风光。

200

大桥是舟山的门户,也是岑港的门户。《舟山有意思》有一段子专门写到了大桥对来舟山的客人的震撼力:

进入舟山,看到的第一景是跨海大桥,看到跨海大桥的第一眼是颜色,金塘大桥海天蓝,西堠门大桥佛光黄。这颜色有什么讲究?原来蓝色代表海天,黄色代表佛国,舟山的城市广告语是"海天佛国、渔都港城"。两座大桥的颜色告诉你,舟山到了。

如果你是夜里上桥,那么你会看到点点繁星映衬下,西堠门大桥塔顶上盛开着七彩玫瑰,主缆上的点点灯火与星空遥相呼应。夜空下的西堠门大桥如天上银河落入东海,大桥的斜拉索则如竖琴架立,天籁之音仿佛隐约可闻。

但最美的还是雾天上桥,那时大桥在云雾中若隐若现,往下看是大海,往上看是云海,两座高塔在云雾中时隐时现,人在其中犹如置身仙境……

有人说,一到舟山,就被五座大桥震撼了。

201

东南大学交通学院桥面铺装课题组博士生姚波,参与了桃夭门大桥桥面铺装设计。

这座连接富翅岛和册子岛的大桥,桥如其名,确是"灼灼其华"。远远望去,两座 A 字形高塔令人精神为之一振。姚波说,他走南闯北参与了不少大桥的建设,比较著名的有润扬大桥、南京大胜关长江大桥、苏通大桥等。可这些都比不上舟山跨海大桥给他的震撼。为了参加通车仪式,他特地从贵州赶来。

202

大桥故事中,最温馨的是三对新人在大桥上举行婚礼。

响礁门大桥合龙后不久,三对新人牵手相偎在雄伟壮观的大桥上,头上是蓝天白云,脚下是滔滔潮水,身旁是高耸的塔吊,海风吹起新娘洁白的婚纱,海浪轻轻拍打着桥墩……这可能是岑港历史上最浪漫的婚礼,前无古人,后无来者——大桥通车后,不可能再有。

203

"大陆连岛"仍在进行中,岑港仍是焦点。

2019 年 9 月 28 日,横贯舟山本岛的交通大动脉——舟山城市第一条东西快速路通车。这条路起于高速公路舟山西岑港出口,终于普陀区东港。这是连接舟山跨海大桥,直达舟山城市腹地的一条快速路。

2021 年 1 月 24 日,舟岱大桥全线贯通。全线设互通立交五处,其中富翅、涨次、烟墩三处均在岑港街道境内。这是连接舟山本岛与岱山岛的唯一海上通道。

2020 年 12 月 22 日,甬舟铁路破土动工。它西起宁波东站,经鄞州、北仑,舟山金塘岛、册子岛、富翅岛至舟山本岛。舟山本岛经岑港、烟墩,延伸至大沙、小沙、马岙、干磜,终点位于白泉。开工启幕于册子岛。

未来规划中的北向通道将从上海出发,经过洋山港、岱山岛,再到舟山本岛,途经岑港,依托舟山跨海大桥,与宁波、杭州湾相连,最终回到上海,形成半环海上半环陆地的沪杭甬舟交通大环圈。未来,甬舟铁路与沪甬跨海铁路相连,舟山至上海只需一个半小时。

无论海上公路还是海上铁路,岑港都是枢纽式节点。

204

册子岛册北村的甬舟铁路西堠门公铁两用大桥,首桩于 2023 年 2 月 18 日开钻。

这座桥梁,连接册子岛和金塘岛,是在建的世界最大跨度公铁合建桥梁和世界最宽跨海大桥。

大桥采用"公铁平层"布置,中间为铁路,两侧为公路。铁路为双线客运专线,设计时速为二百五十千米;公路为双向六车道高速公路,设计时速为一百千米。

曾经创造奇迹的岑港西堠门水道,又将创造新的奇迹。

205

如果说一项基础建设工程能够代表"一个时代",那么在舟山,这个代表似乎只有舟山大陆连岛工程了。

206

驱车去册子岛,品尝"鮸鱼十吃"。

何谓"鮸鱼十吃"? 红烧鮸鱼头、鮸鱼膏炖蛋、抱盐鮸鱼、鮸鱼排、鮸鱼骨酱、鮸鱼子豆腐、雪菜鱼肝肚、鮸鱼干、鮸鱼球、鮸鱼羹。

一条鮸鱼,做成十道菜,每道菜都独有风味,色香味兼具,摆上来满满一桌,看一眼,就让人垂涎欲滴了。

207

抱盐鮸鱼,是"鮸鱼十吃"中最传统的渔家菜之一。

"抱盐"何意? 可以解释为让鱼肉与盐拥抱一下。将新鲜的鮸鱼切

鮸鱼十吃

成段,抹一层细盐,放一点黄酒、几丝生姜,马上放进蒸笼里,这就是"抱盐"。与其他深度腌制法相比,它的特点是"少盐",因此受到追求健康饮食的现代人的喜爱。

"抱盐"能够成为海岛最流行的腌制方式,与渔货保鲜技术的进步相关。能够"抱盐"的鲍鱼,必须是新鲜的,如果不新鲜,那就得腌渍半日甚至几天——过去渔村里,腌制大多这样。

冰箱,特别是−75℃冰柜,让食客们在每个季度都能品尝到抱盐鲍鱼。鲍鱼捕捞季节,食客们都会买几条甚至十几条大鲍鱼,洗净切断后抹上盐,分小包放进−75℃冰柜。深冻留住了鱼肉的鲜味,随时从冰柜里取一包出来,不解冻就上锅蒸,这滋味一点也不比用新鲜鲍鱼腌渍的差。其实一些鲍鱼菜馆常常用这种方法,让食客们在不同季节里都能吃到抱盐鲍鱼。

208

"鲍鱼十吃"中最传统的渔家菜还有鲍鱼干。

最好的鲍鱼干是风干的。"风干"也就是大风吹干,最好是在没有太阳的大风天吹干。因为太阳一暴晒,鱼肉便会泛出一层油。当然,也有人喜欢吃这油沫沫的味道。

鲍鱼干的特点是香韧有嚼劲。风干程度直接影响嚼劲是否恰到好处。当然还要看食客牙口如何。好的鲍鱼菜馆,备有风干程度不同的鲍鱼干供你选择。当然做到这样,价格上你就不能太计较了。

209

鳀鱼子豆腐、雪菜鱼肝肚也是传统渔家菜。虽不能算是最传统，但在过去是能够上渔家宴席的。

鳀鱼子是鳀鱼肚里货中最好吃的，营养价值虽不能与鳀鱼膏相比，却因富含维生素 E 而具有养颜美容的功效。鳀鱼子豆腐的特点，是入口即化的豆腐，包裹着粒粒分明的鱼子，两种不同的口感相互碰撞，给味蕾带来前所未有的体验。

爽口清香的雪菜与各种海鲜都能相配，与爽滑的鳀鱼肚和油润的鳀鱼肝更是绝配。

210

"鳀鱼十吃"中，有两道菜是油炸的，一道是鳀鱼排，另一道是鳀鱼球。

鳀鱼的肉质，在海洋鱼类中偏细腻，所以油炸鳀鱼排，须裹上蛋液和面包糠。油炸的鳀鱼排，外层酥脆，里层仍保持鱼肉的细嫩，色泽则是金黄的。

鳀鱼球是将鱼肉敲碎，裹入土豆丝做成丸。油炸的鳀鱼球有鱼肉的细腻，也有土豆的软糯。

说起来，最适合油炸的海鱼还是马鲛鱼。"鳀鱼十吃"中，通过配料，使鳀鱼经过油炸也能独具风味，算是让海鲜油炸品又多了一种另类。

211

一桌菜,必然要有羹或汤。

羹通常比汤更浓稠,更适合海鲜,因为浓稠的汁能裹住海鲜的鲜味。

将鮸鱼肉切成丁,和土豆丁一同倒入汤水中勾芡,再放点葱花,便做成了一道鮸鱼羹。

鮸鱼骨酱是将鮸鱼连骨带肉斩成小块,放入油锅煸炒,而后放入酱料收汁而成。这道菜的特点是酱料之多变,既可寻常搭配,亦可秘制独享。秘制的酱料会使这道菜更加与众不同。但它与传统的海鲜菜已相距较远了。

212

"鮸鱼十吃"中,红烧鮸鱼头、鮸鱼膏炖蛋最值钱。

关于这两道菜为何那么名贵,《逐梦远洋》一书写到过:

> 说起鮸鱼,几乎每个舟山人都会说一句渔谚:
>
> 宁可荒掉廿亩稻,不愿丢掉鮸鱼脑。
>
> 鮸鱼脑袋真值廿亩稻吗?没人会去责怪海岛人的夸张,因为鮸鱼头吃起来油滋滋、酥溜溜,越嚼越鲜,夸张背后还是有底气的。若论舟山渔场现有鱼类中哪种鱼的鱼头最好吃,那当数鮸鱼头了。但鮸鱼最值钱的同样是鱼鳔,在黄唇鱼、

毛鲿鱼鱼鳔已无法买到的今天,它的鱼鳔已是市面上最走俏的鱼鳔了。《中国药用海洋生物》载入了"鮸鱼鳔"词条,所介绍的功效中有一条是"补肾固精",许多人在册子岛鮸鱼菜馆点鱼胶大菜时,都要引用这一条向客人介绍。过去舟山民间还有男孩发育或结婚时,用鮸鱼胶与冰糖隔水蒸成滋补品,让他每天早晚服一汤匙的习俗。

213

在岑港,各家鮸鱼菜馆的"鮸鱼十吃"菜谱并不完全一样。

在册子岛上,明岛鮸鱼馆的鮸鱼棒,是用春卷包裹鱼肉后油炸制成的,据说很受追捧。至于鮸鱼头,也有与土豆一起炖的。还有鮸鱼面疙瘩,其实已是一种主食。各种吃法层出不穷,倒使一条鮸鱼也身价翻倍了。

214

全国鮸鱼中以舟山鮸鱼名气最大,尤以册子岛附近的灰鳖洋为甚,因此册子岛有"鮸鱼之乡"之美誉。"秋季八月吃鮸鱼",每年农历六月至八月,灰鳖洋迎来了鮸鱼汛,册子岛渔民就会到灰鳖洋捕捞鮸鱼。

《逐梦远洋》中也写到过册子渔民捕鮸鱼的独特捕法:

渔船驶到灰鳖洋后,渔民从船尾取来一根根用竹竿和塑料泡沫做成的浮杆，打个渔绳结，将一根浮杆和一顶渔网绑在一起，将这根浮杆扔出船，又在渔网另一头绑上另一根浮杆，然后把绑在渔网前端的两块砖头也扔下海，开始慢慢地往海里放网，待到第二根浮杆也被甩下船，才算撒好一顶网。撒了六顶网后，渔船掉头往回驶，寻找第一顶网收网。这种捕法，每顶网都能收获几条，但不会把成群的鮸鱼捞上来。

正因为用的是最古老的桁杆张网，所以灰鳖洋的鮸鱼没有被完全捕光，册子鮸鱼馆还有鮸鱼吃。

215

明清时，舟山的海鲜菜就已闻名遐迩了。袁枚的《随园食单》中记有"黄鱼""台鲞"，朱彝尊的《食宪鸿秘》中记有"淡白鲞"。一些明清笔记中出现了舟山特色菜肴的记述，"黄鱼鲞烤肉""三抱鳓鱼""清蒸带鱼""酱风鲳鱼""册子抱盐鮸鱼"等均为当时名菜。

这些菜名中，冠以明确地点名的唯有"册子抱盐鮸鱼"。

216

到了岑港，马目泥螺也是必尝美食。

许多沿海城市，凡海边有泥涂滩的，皆有泥螺，但马目泥螺以其颗粒饱满、色鲜爽口、味美耐嚼且无泥腥而名扬海内外。

217

马目泥螺,品质为何优异? 这是因为马目有平缓、广阔的泥涂,毗邻浩渺的灰鳖洋,所受的污染较少,自然条件优越。

泥螺生长的天然饵料——底栖硅藻,在这片泥涂里十分丰富。

别看泥螺只有拇指盖般的大小,却属于杂食性动物,能吞食泥沙、撕刮藻类,它所吃的食物中,除了底栖硅藻,还有小型甲壳动物残体及无脊椎动物的卵、幼体。

底栖硅藻作为海洋微生物,其蛋白质含量高,被称为海洋中的天然牧草。海参这么有营养,也是因为饵料中有底栖硅藻。

218

不同季度的泥螺,在马目称呼不同。

初夏的叫"豆板"泥螺,最为上品的是秋季"带蛋"泥螺。

219

马目人捡拾泥螺,会在落潮之后,驾一条俗称"泥马"的溜船,在广阔的泥涂上穿梭。经验丰富的,会根据泥涂上的一些气孔,挖到大个的泥螺。

鲜活的泥螺,比腌制后的泥螺,个头大多了,足有拇指大小。

220

泥涂上的海产品，无论是望潮、红钳蟹，还是弹涂鱼、蛏子、蛤蜊，都能直接煮食，唯独泥螺，需要经过腌制。

221

马目泥螺的腌制法，有好几种。

一种方法是将捡来的泥螺洗干净，让它在桶里爬一个小时吐出泥沙，再倒入盐卤，腌制六个小时，再用清水洗净，之后放入盐水密封保存。

另一种方法工序相同，唯一不同的是用咸菜卤代替卤水。

咸菜，舟山人叫咸齑。俗话说："冬芥咸齑抵夏肉。""家有咸齑，不吃淡饭。"最好的咸齑是雪里蕻腌制的。腌制后的汁水，色泽黄亮透明，有浓烈的菜香，俗称"雪菜汁"，用它来腌制泥螺，别具风味。

别具风味的还有"醉泥螺"。将泥螺清洗干净后，加入黄酒、醋、姜、盐、味精，之后放入玻璃罐子进行密封。几日后揭开封条，泥螺吃起来醉香开胃。

三种不同制法的泥螺，都是妥妥的下饭神器。

222

"马目西瓜"有上佳口碑。城里的西瓜摊，只需竖起一块黑板，上书一句"马目西瓜",下一句"保红保甜"就不用再写了。

店家都说自己摊位的西瓜是马目西瓜,但真正的马目西瓜是马目生态村一带出产的西瓜。

马目生态村靠海,天然的沙地赋予了西瓜出众的甜度和充足的水分。再加上气候温和、土壤肥沃,西瓜在这里享受着得天独厚的生长环境,故皮薄、瓤嫩、汁多、糖度高。

223

你见过吃"海鲜"长大的草莓吗?

岑港"喜来岛"草莓,就是吃"海鲜"长大的。

里钓山人夏永年,建起舟山首个草莓连栋大棚,又利用海鲜"边角料",自己研发有机肥,用海鲜"喂"出草莓好味道。

他的草莓好吃,还因为他不施化肥,不打农药。如果一颗草莓生了虫子,他就把整棵草莓植株拔掉。

224

说来奇怪,马目西瓜和"喜来岛"草莓,都是在围垦地上种植的。

围垦地上种植的水果为什么特别好吃?

一来,围垦地有机质含量高,有害物质少;二来,为了驱盐碱,围垦后在相当长的一段时期内,人们要经常往地里倾倒大量农家肥。经过多年培育后,再来种西瓜、草莓,自然有着别样的鲜美。

225

定海城里有家"东方明珠",岑港有家"西方明珠"。

城里的"东方明珠",曾经是定海最高档的饭店之一。岑港的"西方明珠",在一个叫坞丘的小村里,原本只是一个小饭铺。

"东方明珠"最红火的时候,城里人去坞丘那个小饭铺吃饭,发觉小饭铺烧出来的菜,是地地道道的土法烹饪,红烧望潮、酱汁籽鱼、芥菜年糕,让他们仿佛尝到了童年记忆中的味道。于是,一位食客对小饭铺老板说:"你这家店还没店名吧,我给你取一个,就叫西方明珠。"

"西方明珠"一下子叫响了,口口相传,吃货们络绎不绝地赶去,只为品尝记忆中的童年滋味。直到现在,"西方明珠"仍生意红火。

226

一百多年前的族宴菜谱,藏在册子《夏氏家谱》里。

这本家谱不是新修的,是光绪二十一年(1895)的手抄本,所以这菜谱,确实是当年的菜谱。

且看菜单:

花生、肉(油豆腐底)、三鲜、鹅肉(海蜇底)、羊肉(咸菜底)、带鱼、黄鱼、咸羹、肚羹、芋艿鸡、豆腐汤

这些菜是祭祖结束后,族人在祠堂聚餐吃的。按《夏氏家谱》序言

所说,清康熙年间,夏家由紫微迁入册子。家大业大,规矩也多。这菜谱写入了家谱,便意味着它是不可随意更易的。

族宴是个大场面,既要让大部分族人满意,又需恪守年年祭祖延传的定制。当年,族人拟订菜谱时必定经过仔细斟酌,既不能浪费,也不能寒酸。

就是按现在的眼光,这桌宴也不算差。十一道菜,以荤菜为主。肉有四样,猪、鹅、羊、鸡齐全,当然都有垫底菜,那时海岛地区,肉菜比海鲜珍贵多了。野生黄鱼若放在如今的宴会上,足以惊艳全席,但那时便宜。

227

册子《夏氏家谱》里,还规定了祭祖程序。

祭祖时间是每年冬至、春节。

祭祖的首个仪式是挂像,在石礁桥头的夏氏祠堂,挂上两位当过官的祖先的画像,并且规定,祭祖的规格要跟祖先的官职相匹配。

挂像程序相当隆重。

由三十六人组成仪仗队,以标有"夏府总兵大堂"字样的灯笼为前导,后面依次有香堂一座、清道旗四面、对锣两面、乐师两名、执事锤四副、官轿一乘、伞盖一顶、发炮手数名。

这支队伍吹吹打打,先把祖宗的画像请进祠堂。

认祖归宗,精神上的归属是在一次次仪式中铸就的。

228

祖宗进了祠堂，当然要让他吃好。民以食为天，吃饭是大事。虽然阴阳相隔，道理是一样的。

册子《夏氏家谱》规定了给祖宗吃点啥：

> 祖宗画像前供茶四杯，筷匙四副、菜肴十六碗；堂中间置八仙桌四张，摆杯筷二十四副，供羊、鹅、肉、鱼、蛋、蹄、血、肫、糖、面、盐、酱等菜肴和佐料；另有寿桃二盆，每盆二十四只；年糕、烧卖、口包各四盆，每盆五只。

对照祭祖后族人聚餐的菜谱，便会发现族人所吃的，是祖宗大人先用过的。聚餐菜谱中的十一道菜，也没僭越给祖宗大人的十六碗菜肴。敬重长辈的传统，在祭祖的每个细节中都体现出来。

不仅要让祖宗大人吃好，还要服侍好。于是，册子《夏氏家谱》规定：

> 八仙桌前置搁几一张，上置烛台、香炉等"五祀香宝"，以及祖宗洗涤用过的毛巾、脸盆、镜子等物。

祖宗大人千里迢迢地赶来，自然先得洗脸洗手，修整一下仪容，这些都是少不了的。

229

祭祖为了什么？

祭祖时,祠堂厅柱上要悬挂两副楹联。这两副楹联说清楚、讲明白:

> 礼乐百年光祖业,文明千载启昌期
>
> 恩垂袍笏家声远,业在诗书世泽长

这一思想理念,穿越岁月长河,至今熠熠生辉。

230

2015 年前后,岑港农家风靡过一种"小粮仓",三圈直径超过一米、高度不到半米的彩钢板筒,经上下一叠套,立即变成可储稻谷约一千公斤的"小粮仓"。每只"小粮仓"底部安装了一个通风器,靠近底部的筒圈中间装有一个可开合的出粮口,只要一打开,里面的稻谷马上顺流而出,一关阀门,空气就进不了仓间。

这种"小粮仓",不用愁谷子霉变,也不用担心谷子被老鼠背走。

231

岑港风靡"小粮仓",是因为岑港有不少种粮大户。

岑港有个"欢喜烟墩"。"欢喜烟墩"在岑港中部,东与大沙接壤,南邻涨次,西与册子岛隔海相望,北接坞丘。这里有三千多亩耕田,耕田里以前都是种稻谷的,现在也以种稻谷为主。

232

"欢喜烟墩"的叫响,因为油菜花,也因为稻田。

每年三四月,这里可以看到一大片油菜花。穿行于花海中,沁人心脾的花香扑面而来。到了秋季,稻田金黄时刻,甸甸垂穗压弯了稻秆,广袤的原野一片灿烂。

打卡如油画般的田野风景,只是"欢喜烟墩"的一项内容。"烟墩人家"里,有学生研学基地,还有烧烤、土灶烹饪体验、采摘、土地领养体验、垂钓……众多户外活动供你选择。

233

烟墩村有座花岩庙,四百多年历史。四百多年前的花岩庙,并不在如今的龙舌水库内侧,而在龙舌头水口东侧。

相关单位于 1979 年 4 月拆掉老花岩庙,于 2006 年易址重建花岩庙。虽说是重建,但仍被列为市级二类保护历史建筑。那是因为花岩庙有故事呀。

234

花岩庙最令人吃惊的故事，是传说老庙里的东殿，即先祖殿，供奉的是明朝宰相夏言。

还有一说，老庙三大殿、三庙台，形成一个"品"字形架构，此架构寓意"一品当朝"。

此外，为何叫花岩庙，并非如庙碑上所记载的因为建庙时挖出过花纹岩石，而是因为在舟山方言中，"花""夏"谐音，"岩""言"同音，"花岩"隐指"夏言"。

兹事体大。

235

烟墩村以夏姓为大姓，故烟墩又称"烟墩夏"。

2011年舟山人口普查，夏姓排名第十二位，总人数达一万八千五百五十三人。除了烟墩，夏姓还分布在舟山岛多处及附近小岛。

夏氏家族在岛上已绵延八九百年，一直都说始迁祖是夏祁。夏祁生于北宋大观三年(1109)，曾任昌国观察录事参军。他因为喜欢山水之胜，所以在定海双桥南山定居了下来。从此，夏氏就在舟山开枝散叶，慢慢变成了一个大家族。这些，都记载在南山《夏氏族谱》中。

236

花岩庙与夏言的传说，一下子惊呆了许多人。

传说是这样的：嘉靖二十七年（1548），夏言被处死。夏言夫人苏氏被流放去广西。夏言没有子女，只有从子克承，从孙朝庆。他们闻讯后，急忙南逃，渡海逃到了舟山岛烟墩避难。岑港之战中，那个去倭寇营中当"死间"的夏正就是夏朝庆。隆庆皇帝继位后，夏言平反，朝廷拨专款在烟墩建花岩庙，庙内设"阁老""朝庆"两殿，纪念夏言和夏朝庆。

但传说终究是传说，哪怕是众人皆执一词，若找不到史书上的记载，还是难以定论。

237

陷入历史迷雾的不仅有花岩庙，还有小岭墩的石墙。

小岭墩在紫微（现属双桥）与岑港交界处。经紫微小岭下到小岭墩的古道有两条，均是石蛋路。小岭墩上，有几堵关隘式石墙，基宽一米以上，高五米以上，长度不一，短者五六米，长者十余米。石墙周边，延绵着一条疑似古迹的战壕。战壕所对应的，正是被两面山坡夹住的从岑港方向而来的古道。

关于这几堵关隘式石墙，未见任何志书提及。

小岭墩石墙

238

如今石墙旁,立着"太平亭"石碑,碑文为:

> 建于明代,为旧时岑港百姓经紫微赴定海城途中休息驿
> 亭。清光绪《定海厅志·岑碇庄》有标注。明时曾是戚继光
> 率兵抗倭所经之地。旁筑有军事用石墙数座。百姓祈求国
> 泰民安而取名太平亭。

碑是 2018 年 3 月所立。对于石墙,只确定其为"军事用",并未提供更多信息。

239

石墙"军事用"毫无疑义。这"军事",在明朝只可能是"岑港之战"。

令人困惑的是,石墙由何人所筑?是明军还是倭寇?

嘉靖三十三年(1554),王直勾结倭寇在岑港设营立寨。之后的几年,倭寇一度占据岑港。

岑港之战中,有过两军对峙的阶段。这阶段,小岭墩对于双方来说都是必争之地。谁掌控了小岭墩,谁就掌握了战场上的主动权。

倭寇要想占据岑港,小岭墩这个东关隘是非守不可的。同样,要想置岑港内的倭寇于绝地,小岭墩这个定海的西关隘,明军必须掌握

在手。由此推断,小岭墩一定发生过激战。

那么,是谁筑起石墙?是进攻一方的明军,还是据守一方的倭寇?都有可能。在找到确切的历史文献记载前,说不清,道不明。

240

古代岑港有白鹿,《明史》《明通鉴》都有记载。

清康熙《定海县志》里说,明嘉靖三十六年(1557)八月二十五日,海北(今定海岑港一带)猎户获一白鹿,毛色殊异。"未几,又获其雄。"由此可见,先捕获的那只是雌的。

清朱绪曾在《昌国典咏》里也写道:白鹿孕生于"宁波定海之间"。

241

这两只白鹿,被浙直总督胡宗宪献给了嘉靖皇帝。

胡宗宪听说岑港猎户捕获白鹿,立即下令叫猎户送来。他又让徐渭代他作《代初进白牝鹿表》和《代再进白鹿表》,随同白鹿一起送到了北京。

《代初进白牝鹿表》里有段话,记叙白鹿面世时情景:

> 乃致仙麑,遥呈海峤,奇毛洒雪,岛中银浪增辉;妙体搏冰,天上瑶星应瑞。

白鹿其实是鹿类白化之种,是自然演化的产物,但在古代,被称为

"仙麌",视为国祚安泰瑞祥之珍兽。不仅皇亲贵族对此深信不疑,普通百姓更无疑义。清朱绪曾在《昌国典咏》里说:白鹿"有神仙之品,历一千岁,始化而苍,又五百年,乃更为白"。这句话,其实出自《代初进白牝鹿表》。

242

"祥瑞"敬献进京,一直祈求长生不老的嘉靖皇帝十分高兴,还隆重地举行告庙礼,让列祖列宗一道高兴。"加宗宪秩",赐一品俸,胡宗宪得了重赏。

在电视剧《大明王朝1566》里,这两只白鹿变成了一本"张真人血经",成为推倒严嵩集团的最后一块砖头。可见在"祥瑞"这件事上,无论忠臣还是奸臣,都是不敢违背圣意的。

243

白鹿帮胡宗宪解过两次难。

敬献"白鹿"前,正值胡宗宪最难熬的时候,岑港倭寇久攻不克,朝廷哗然,皇帝震怒,下令夺去俞大猷、戚继光的官职,限令一月内平倭,痛斥胡宗宪无能。两只白鹿让他们转危为安,赢得了破敌时间。

另一次解难是在严嵩倒台后,胡宗宪受牵连被下狱,所列罪名任何一条都能定他死罪,但不久即被赦免。嘉靖皇帝说:

宗宪非嵩党。朕拔用八九年,人无言者,自累献祥瑞,为群邪所疾……今若加罪,后谁为我任事者? 其释令闲住。

白鹿对于胡宗宪来说,确实是个"祥瑞"。

244

曾有舟山学者疑惑,那对献给嘉靖皇帝的白鹿,后来哪里去了?

大概率是死了。

胡宗宪在敬献白鹿后,还敬献过一对白龟。这对白龟没几天就死了,嘉靖皇帝没有追究此事,只说了一句:"天降灵物,朕固疑处尘寰不久也。"意思是:我早就怀疑,这种来自天上的灵物,不可能在人间久活啊,终归是要上天的。

245

还有学者怀疑,这白鹿之事是虚构的。

有《代初进白牝鹿表》和《代再进白鹿表》存世,在岑港捕获白鹿应是事实。否则有《表》无鹿,是犯"欺君大罪"的。况且这是徐渭所写。徐渭是明代著名文学家,其文虽"得李贺之奇,苏轼之辩",却不会无中生有。

白鹿虽然稀奇,但历史文献中屡有记载。记叙两周时期周王室历史大事的《国语·周语》中,有"王不听,遂征之,得四白狼、四白鹿以归"的记载,《史记·卷四·周本纪》中也记载了类似的情况。

岑港白鹿

246

动物白化,按照现代科学来看,一点都不稀奇,不过是动物得了白化病而已。

简而言之,动物白化是因为基因缺陷导致的酪氨酸酶活性异常,进而影响黑色素合成。

247

明代张苍水题有一首《重登秦港天妃宫》。诗题中的"秦港"就是岑港。在古代文人为岑港留存的不多诗篇中,这是一首名诗。全诗抒发了张苍水对故国沦丧、身世飘零的感慨。

诗曰:

群山依旧枕翁洲,风雨萧然杂暮愁。
梅蕊经寒香更远,松枝带烧节还留。
荒祠古瓦兴亡殿,绝壁回潮曲折流。
身世已经飘泊甚,如何海外有浮鸥。

248

张苍水与岳飞、于谦,并称"西湖三杰"。这三人在西湖边都有墓地,墓地至今仍在。

张苍水，名煌言，"苍水"只是他的号。崇祯时举人，官至兵部侍郎。后被清军俘，遭杀害。

虽说是死于抗清，但清国史馆仍为其立传。乾隆四十一年（1776），追谥忠烈，入祀忠义祠，收入《钦定胜朝殉节诸臣录》。

249

张苍水是在顺治三年（隆武二年，1646）追随鲁王到舟山的。

次年四月，清苏松提督吴胜兆欲在苏州反正，张煌言率军支援，于四月初从岑港出发，不料四月十三日在崇明岛外遇风暴而大败。

从"荒祠古瓦兴亡殿"等句可推测，这首诗可能创作于舟山失守后。

250

张苍水出兵前应该去过天妃宫，以祈求航行安全。

天妃是福建的女神，"水旱疠疫，舟航危急，有祷辄应"，管得挺宽的。元延祐元年（1314），这位女神被封为"护国庇民广济明著天妃"，因此直到清初，她的庙宇仍叫"天妃宫"。康熙二十三年（1684），她被诏封为"天后"，天妃宫才改名天后宫。

天妃宫跟龙王宫、关帝殿、财神殿、东岳宫、土地祠一样，过去是定海城乡建得最多的神庙之一。

251

外回峰寺在扩建殿宇清基时，发现了一尊圆顶包巾、面若满月的石刻头像。这是谁的头像？引来了一场讨论：

一种观点认为，这是佛教天台宗始祖智者大师的头像；

另一种观点认为，这是藏传佛教萨迦派第五代祖八思巴的头像。

智者大师生活在陈、隋之际，八思巴则生活在元朝。两人所处年代相差六七百年，本应能找到清晰区分的线索，可对这尊石刻头像身份的判定，依然需要更多研究。

252

石刻头像之争中，双方观点的依据，竟然都是头像上的"缥帽"，或者说是"裹头"。

持"头像是智者大师"观点的专家说，隋代晋王杨广曾请智者大师授戒，因天气寒冷，自解其缥袖，裹于大师头上，此即缥帽之由来。隋代以后，智者大师的肖像便基本定格于这一装束。

持"头像是八思巴"观点的专家说，因印度北方天寒，佛陀特许比丘以氄毛编织之帽裹头。这一规制传入中国之后，逐渐演变为佛教造像的特殊装饰。作为忽必烈帝师的八思巴，其石雕头像，必然秉承佛陀的裹头之遗制，戴上缥帽。

听听都有道理，所以还是难下定论，头像是谁，仍然成谜。

253

那次扩建殿宇、清理地基，外回峰寺还发现了晋代、南北朝、唐、五代的瓷片、瓷碗、瓷碟、瓷钵，文史专家如获至宝。

专家们一直在讨论定海最早的寺院，应该始创于东晋时期，但并未有确凿实物加以佐证。这回实证似乎有了。

史载外回峰寺始建于宋建隆元年(960)，这回似乎可以改写了。

但仅有瓷器留存，还不能说明那时已有寺院。谜团还是谜。

254

外回峰寺，还出土过东汉五铢钱呢。

那串百余枚的古钱币，出土时就被损坏了。送到钱币专家手中，仅剩下半枚。专家鉴定后判断，它是铸造于东汉建武十六年(40)的五铢钱。

五铢钱，西汉元狩五年(前118)开始铸造，唐武德四年(621)停止通行，通行了七百多年。也就是说，这串古钱，至少在武德四年就留在外回峰寺了。

但那时的这里是否已建有寺院？

一个地方的谜团愈多，就愈有吸引力。

255

岑港有五座悬海住人小岛,一座册子,一座富翅,三座钓山。

256

册子岛南舀、北舀两平畈一垄垄田畦,像极了一本翻开平放的书册,中间隔着的凤凰山是书脊。

以墨斗、砚瓦、笔架等命名的岛屿,舟山不止一座,而以册子命名的唯此一岛。宋时,舟山崇尚文教,这个很有书卷气的岛名,至少是那时的产物。

说"至少"是对的。宋宝庆《昌国县志》记载,北宋时册子已有酒坊,也有了寺院。那么,在这个岛上,住人肯定还要更早。

岛不大,只有十五平方千米。

257

自宋以来,居山者以耕凿为生,濒海者以渔盐为业……
至老不识乎城市。

这是清光绪《定海厅志》记载的定海居民生活状况。

这段文字,至少勾勒了清光绪年以前,定海人的生活状态。

这段描述虽指向定海全境,但具体到册子岛,其地理特征与人文特征就更具典型性啦。

职业两项：采石、捕鱼。

足不出岛，终老不知县城形制。

这生活，简直是与世隔绝，册子岛宛若世外桃源。

但，也不是岛上人人如此，更不是历来如此。

258

"至老不识乎城市"吗？元大德年间，官方设有"册子渡"，有航船通航昌国县城和金塘岛，有渡船必有所渡之人，岛民怎么会对"城市"如此陌生？

只是，明洪武年间第一次大内迁后，册子岛上无人居住，荒弃后，"非麋鹿与游，即虺蝎共处"，"册子渡"渐废。

两次大迁徙造成了舟山历史的断层。光绪《定海厅志》所记叙的册子岛"土肥泉美，人多居焉"，只不过是第二次岛民回迁后的情形。

259

册子岛桃夭门村，有座丁家大院。

前中后三进，每进七间，进深六米多。前沿走廊两米宽，中间有串堂，门窗雕花，室内则有阁楼。每进的大天井，近百平方米。正屋两旁，十数间矮平房廊房相拥。现除前进已拆并建为新式楼屋外，中进、后进和左右廊房仍保持原貌。

大院中有一"存心堂"，意为"不管走到天涯海角，心永远属于这里"。

这座老宅,是清嘉庆六年(1801)的建筑,距今已有两百多年。如此老屋在小岛上保留下来实属罕见,小岛上有如此老屋也非同寻常。

260

桃夭门大桥,原本是要穿过丁家大院的。

为保护文物,建设方将大桥往前移动了十米多。

如今,大院第三进的屋顶上,是桃夭门大桥的引桥路面。远远看过去,宅子似乎成了桥墩,一幅古今交融的画面便在海天相接处铺陈开来。

261

丁家始祖,清康熙年间迁居而来,距今三百多年,老家在镇海塔峙双峰丁家山。

镇海丁氏,始祖叫丁拱,山东青州府益都县人,当过南宋理宗朝参知政事,本来居住在临安(今杭州),改朝换代时避居镇海。

康熙年间,丁氏一支迁居定海,分居在册子岛桃夭门村、定海城关西大街和定海北门等地。

分居册子岛桃夭门村的丁氏,以近百年的积累,才建起了这座丁氏大宅。

262

若不是实在过不下去了，丁氏一支又怎么会迁居到刚刚开禁的蛮荒海岛？

令人称奇的是，迁居后，这一支系的后代都很有出息。

定海城关西大街，过去有家丁福兴纸书店，是西门一带的大店号。

北门丁家，出过大商贾、留美幼童、政界要人和工程师。

册子丁家名气最大，因为出了个丁光训。如今册子丁家大院，就叫"丁光训祖居"。此外，册子丁家从乾隆年间到光绪年间，还出过九名国学生、邑庠生、宣讲生。

国学生即国子监学生，邑庠生是县学学生。至于宣讲生，并非学位，而是指每月朔望，在乡里民间宣讲圣谕与律例的人，一般由县学学董或公举的有品学德行兼具才辩者充当。由此可见那时丁家已是岛上的名门望族。

树挪死，人挪活，一个家族或许也是这样。

263

册子岛有幢红房子，红砖无粉刷，裸砌而成，占地五百多平方米。建筑主体由正屋、厢房、台门构成，三合院格局。院后有罩房。

整个册子岛，就这么一幢红房子。

房屋主人姓贺，在外经商，民国二十四年（1935）回乡建此大宅院。

那时，红房子属于西化的现代建筑。当它突然现身于一片灰瓦青砖的中式建筑群时,肯定引起了一片哗然。如今,红房子周围的清末老房子,早已被现代风格的二三层住宅楼所替代,红房子反而成了老建筑,被保护了起来。

264

清初展复后迁居而来的册子岛人,与外界的频繁接触,自清末才开始。

宣统二年(1910),邑人严世高等倡议,于册子岛南部南岙村设立"册子埠",并开通每月往返金塘岛东堰的航班。民国七年(1918),支毛毛、鲁阿晴等岛人,置航船两艘,与定海三日往来一次,与金塘岛东堰日行一次。这时候,岛上已有居民八九百户了。

古代与现代一样,要发达,交通得先行。

265

广福寺是册子岛上一个"佛道合祀"宗教建筑。

大殿里,正中供奉三世佛,左右供奉土地神和三官大帝。在大殿东侧的东岙殿里,还供着东岳大帝和王灵宫。

僧与道,在一个屋檐下和谐相处。

为何会这样?或许因为岛小,居民供奉不起太多的寺院,但也不能厚此薄彼,那就让他们住在一块吧。

266

妙湾庙更为奇特,供奉的是岛民的"仇人"。

这"仇人",是明洪武年间的信国公汤和。正是他上奏朱元璋,称昌国岛民"内相仇杀,外连倭夷,发为边患",并以此为由,将昌国四十六岛三万多居民尽迁内地,册子岛民亦被驱迁。

这么一个人物,册子岛人为啥还要为他建庙塑像呢?

众学者对此也是一脸无奈,解释不清呀!

只能说,册子岛虽小,文化堆积层却不薄。

267

岑港民谚中,有一句"狮象守大门,对面桃夭舞",说的是,岑港的大门口,有狮象岩石蹲守,它们的对面,是如绰约之女起舞的桃夭门。

蹲守大门的一狮一象两块岩石,在桩次大涂面,20世纪末修筑海塘后,就不见了。蹲守大门的职责由新筑起的坚固海塘来承担,不劳烦狮象了。

至于桃夭之舞,演绎出的故事就多了。

268

"桃夭"一词,出自《诗经》,《诗经·周南·桃夭》描绘了一个妙龄少女,美丽娇俏得像桃花一般。

册子岛民间传说中,也有这样一位女子。传说,册子岛面对矴次大涂面的地方,有一大片桃林,桃林里住着一位桃花女。一群海盗冲上册子岛,掠夺岛民财物。桃花女踏着妙曼的舞步出了桃林,引诱海盗上船,然后在海中央将船凿沉了。

"对面桃夭舞"居然还有这么一个故事。

269

如今去册子岛,已找不到传说中的那片桃林。

村民说,自从桃花女以自己的生命换来一方平安后,她所看护的桃林不再开花,渐渐地,桃树全部都枯死了。村民为了纪念这位桃花女,便将桃树和桃花女所在的村子,称作桃夭门村,旁边的山岭命名为桃夭岭,旁边的水道称为桃夭门。

沿水道至岑港马目北端,海上升起一座桃花女山,山上有一块桃花女石,那里住着另一位桃花女。

桃之夭夭,灼灼其华。

270

舟山乡建制岛屿开通"海上公路",首个"站点"是册子。

"海上公路"也就是汽车轮渡。从岑港开到册子,只需十六分钟。

相比之下,现在去册子,一踩油门就到了,十六分钟并不算快。但当时轮渡解决了汽车无法上岛的难题。

册子是在 1992 年开通轮渡的,此时册子为乡。

271

册子岛有世界第一高输电铁塔，其高度达三百八十米，比三百二十米高的埃菲尔铁塔还要高出六十米。

三百八十米有多高？相当于一百三十层楼的高度。

这么高个子的铁塔，身重自然不凡，它的体重是七千二百八十吨。

为什么会这么重啊？因为超过二百六十米的铁塔主管内，全部灌注了混凝土，为了增强输电铁塔的抗风性，"体重"也就飙上去了。

铁塔也要穿"鞋子"。册子大铁塔的"大鞋子"，是在四个边长为十六米、深达十米的基础坑上，浇筑而成的四个巨型立柱。基础坑里还加入了二百八十根抗拔锚杆，可以说这"鞋子"相当牢固。

272

你想找世界纪录就来册子岛。册子岛这个铁塔，除了是世界第一高输电铁塔，还创下了其他十三项世界纪录：

世界最多基础锚杆数量；

世界最大基础根开：六十九点零二四米；

世界最高混凝土灌筑高度：二百六十二点三米；

世界最大吨位铁塔：七千二百八十吨；

单根塔材世界之最：直径二点三米，厚二十八毫米；

世界首次直升机组立跨海输电高塔；

世界最大塔头尺寸：宽九十三米，高八十七米；

世界第一输电铁塔

世界首条五百千伏、二百二十千伏混压跨海输电线路；

世界首次采用直升机跨海展放钢导引绳海缆工程；

世界首个五百千伏交联聚乙烯海缆工程；

世界首个国产五百千伏交联聚乙烯绝缘交流海底电缆；

世界首根应用软接头技术的五百千伏光电复合交流海底电缆；

世界最长的单根无接头五百千伏交联聚乙烯海底电缆。

2019年1月16日,《人民日报》头版刊发《舟山500千伏联网输变电工程投运》的图片新闻,为这十四项世界纪录点赞。

273

册子高塔还有个"孪生兄弟",在册子岛对面的金塘岛。

274

世界前任第一高输电铁塔同样在舟山,那就是大猫山铁塔和凉帽山铁塔,高三百七十米,建成于2009年。想不到,过了十年,超越它们的还是舟山的两座输电高塔。

275

有人说,目前世界上电压等级位居榜首的昌吉—古泉一千一百千伏输电线路,其最高的两座铁塔只有一百一十二点七米;跨越黄河的哈密南—郑州八百千伏输电线路,最高的两座铁塔也不过一百四十七点一米,册子和金塘的输电铁塔,为何要造得这么高呢?

道理很简单。因为两座铁塔跨越的是繁忙的国际航道,其导线弧垂的最低点要始终保持在海平面九十米以上。只有这样,才能保证集装箱船、油轮、军舰甚至航母的顺利通过。

276

册子岛有我国最大的原油码头,三十万吨级。

一条跨区域海底输油管道,从册子岛西北部的大沙湾入海,经过杭州湾海域,直抵上海的金山炼油厂,全长近五十海里。

能建这样的原油码头,是因为册子港域中心,北有蒜茨岛作屏障,东有里钓、中钓、外钓三座岛和舟山本岛作护卫,西有金塘岛和册子岛山遮挡,天然围合成一个面积约十平方千米、风平浪静的深水港域。港域南端向外张开,连接册子水道、金塘水道、螺头水道和虾峙门航道,二十万吨级巨轮可从容地进出。

277

浙江图书馆册子分馆,落户册子岛的觅·山海岛与书房。

分馆设有数字阅读机和浙江图书馆专柜,分别提供数字图书近万册和纸质图书五百册,并进行定期更新。

278

册子岛有许多美丽的海滩,包括金沙滩、银沙滩和玉沙滩等。这些海滩沙质细腻、海水清澈,是游泳和沙滩运动的绝佳场所。

离月亮湾和门头山不远,紧挨西堠门大桥,在一个半月形岙口内,一片大沙滩正逐步蜕变为一个沙滩休闲新营地。

舟山本岛海岸地貌以砾滩和泥涂为主,砾滩主要分布在舟山本岛东部,泥涂主要分布在舟山本岛的北部、西南部。泥涂沉积物以黏土质粉砂为主,这些粉砂主要由长江入海的泥沙随南下的沿岸流携带至此。若要问海岸地貌缺少什么,定海人毫不犹豫就能说出:沙滩。

大桥架通后,册子岛沙滩弥补了定海人的沙滩遗憾。

279

舟山第一张海岛"身份证"是颁给富翅岛的。

此"身份证",也就是为岛立一块碑。

碑碣正面用红色大字写着"富翅岛",下方是岛名的拼音,再下方小字是石碑的设置单位"浙江省人民政府"及设置日期;背面的文字,介绍了"富翅岛"名称的由来及基本情况。

立碑,是为了让上岛的人第一时间了解这座岛。

280

富翅岛位于册子岛与舟山岛之间,西临桃夭门,东濒响礁门,南靠富翅门,北为孤茨航门,居水道要冲,与舟山岛最近的海岸线距离仅为五百多米,陆域面积约一平方千米。

岛上有三座山,从东南向西北,依次为面前山、后门山、桃夭门山。三座山之间,是一片平原。

281

从册子岛南部眺望富翅岛,富翅岛形似蝙蝠。

据传,两百多年前,每当涨潮,岛上三座山均被海水隔开,如蝙蝠的双翅与身躯分离,变成孤翅,人们遂称之为孤翅岛。1949 年后,岛民向往富裕生活,弃用"孤翅",改称"富翅",该岛名沿用至今。

282

翅膀是一对,富翅岛上的大桥也有两座。

除了东南向与岑港大桥相连、西北向与桃夭门大桥相衔接的响礁门大桥,还有一座从舟山跨海大桥富翅互通出发,跨海北上的富翅门大桥。

第一座桥开工时间与第二座桥通车时间,正好相隔二十年。

富翅门大桥分流了舟山跨海大桥的流量,车辆从宁波至朱家尖,沿富翅门大桥而行,全程只需一个半小时,比原先减少约半小时。

283

2023 年,富翅岛上常住人口只有一百余人,以老年人为主。

284

网名"万能岛主"的他,放弃工作,远离都市,在富翅岛租下老房子,以低成本改造成一家民宿。民宿名叫"不定义的旅居生活"。

何为"不定义"? 主人说,喜欢创业又喜欢旅居的人可以来这里,亲手打造一个自己想要的小院,边工作,边旅居。所以,这家民宿被命名为"不定义"。

与高端民宿不同,小院装修很简朴,"小红书"里的文艺达人却说它"很出片"。

285

岑港的外钓山岛,位于岑港南口西侧,陆域面积不到一平方千米。

这是个小岛,却有个很宏大的"别名":中国最大的船舶保税燃料油储运、海上供应基地。

286

外钓山岛西部,有一大片海涂。1978 年 8 月,一次大潮汛冲刷掉了海涂上的大片淤泥,露出已锈烂的两门大铁炮、一门九环龙小扛炮。

现场清理时,还发现了铁弹、锡弹、石磨、锡碗、锡瓮、骨簪、孩童爬杆玉饰件、猴形锁,以及大批青花瓷器。

经考证,这些文物出自一条古代战船。从大铁炮铸文以及铜钱、瓷器等考证,此条战船的沉没年代,上限应晚于崇祯七年(1634),下限在明清之交。

287

致使战船沉没的那场战斗,居然在民国《定海县志》里找到了:

> 八月,提督田雄,都统全砺乘潮出海,副都统吴汝玠扬帆先发,阮进集战舰以拒,败之于横水洋……

战船应该就是在这次战役中受损搁浅的。

出土之物中,有三把铜锁,钥匙都插在锁中,说明战船搁浅后,船上官员曾打开箱柜,匆匆取走重要公文和贵重物品。

三四百年间,海涂淤积把这条战船埋在了淤泥下。

288

外钓山岛,1965 年时岛上设有岑港公社直属生产队,有十一户农户共五十个社员。2000 年,岛上有一个自然村,居民十六户六十八人。

三十五年,只增居民五户十八人。

289

外钓山岛西部的那片海涂，在 1965 年时发生了很大变化。

五十位社员中，仅有十四个男女劳力，但他们毅然决然地开始在那片海涂上围涂筑塘。

一块块石头从山上搬下来，一锹锹泥块在海涂上堆起来。经过半年苦战，一条一百八十米长、三米半高的海塘终于筑成了，十五亩耕地就此诞生。

他们又从高山上挑下来一担担肥沃的泥土，铺在围起来的海涂上，并种上八亩棉花。

棉花有没有种成？当年没留下记录。只知道，到了 1977 年，这片海塘仍是盐场。

290

2018 年末，装载九万多吨原油的利比里亚籍"彼得罗斯克"轮，靠上外钓山三十万吨级油品码头。这是该码头迎来的首艘外籍油轮，也标志着该码头正式投入试运营。

回想 1965 年，十四个男女劳力围涂筑塘的艰辛努力，终于没白费，围起的海塘，此时已成为大码头。

291

2024 年 10 月 10 日,《宁波舟山港总体规划(2035 年)》获得交通运输部、浙江省人民政府联合批复,"世界第一大港"有了新蓝图。

这张蓝图里,岑港有一席之地,成为宁波舟山港中部核心区中的"一区",与金塘、六横、定海、沈家门等并列。当然,这里讲的是港区,并非行政区划。

岑港人对此没有多大感觉,因为老塘山港区原本就有这个地位。况且新规划,也讲明了岑港属于宁波舟山港的港口发展起源。

昔日"六国港",今朝老塘山。

292

舟山港的第一座万吨级码头,建在岑港老塘山。

这个码头,还是浙江第一座自行设计施工的一万五千吨级杂货码头。

293

舟山港首次接待的万吨级外轮,同样停靠在老塘山码头。

时间在 1987 年 5 月 11 日。这一天,距离舟山港正式对外籍船舶开放的日子,仅过去了四十一天。

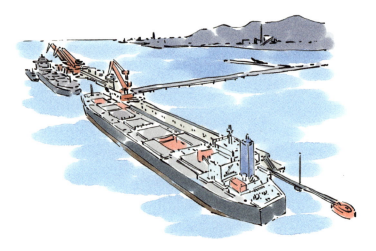

舟山港老塘山港区

294

1984 年 7 月,浙江省"东方大港"考察队来到舟山考察。七天时间,考察队看了金塘、老塘山、鸭蛋山、东港浦、六横、虾峙、桃花、朱家尖、马峙和小干山等港口海域。

可以说,这是对舟山港口资源的第一次普查,后来有关舟山港口资源的种种提法及数据,大多源自此次考察。

此时的老塘山,还隐没在一大串将开发可开发的港区名单中,但有三点还是引起了人们的注意:距北仑港七海里,陆域宽广且避风条件好,距岸线四百米处水深二十米。

295

老塘山首个万吨级码头,是舟山"六五"期间的重点项目之一。那一期的重点项目中,还有汽车轮渡、定海华侨商店、舟山纺织厂等。

四十多年过去了,定海华侨商店、舟山纺织厂早已没了踪影,通往宁波的汽车轮渡虽还在,但自从跨海大桥通车,也已日渐式微,唯老塘山码头一枝独秀。

296

老塘山万吨级码头建设前,舟山港只有定海、沈家门两个港区,因此老塘山港区被人们寄予厚望。一期工程临近煞尾,二期工程的一座两万五千吨级码头和一座三千吨级码头，就紧跟上马。

用风驰电掣来形容当年建设码头的速度，也不为过。

297

老塘山二期码头建成后，专门用于卸煤和装煤。于是，这里便成了浙江最早的一座大型煤炭中转作业区。此前浙江的用煤，都是经上海转运的，而非从北方港口直达，运输成本很不便宜。

298

集装箱班轮首次挂靠舟山港，停靠的依然是老塘山码头。

那是在 1990 年 12 月 14 日下午，浙江远洋运输公司的"浙雁"号集装箱轮，带上舟山出口的装满冻梭子蟹、冻虾仁和玩具的十一只集装箱，离开老塘山码头，起程驶往香港。

299

舟山本岛西南端，有野鸭山岸线，南起黄沙山，北至老塘山，全长八千多米，因中间有座野鸭山而得名。

野鸭山原本是一座孤岛，之后围海造田才使它与北面的老塘山和南面的黄沙山携起手来，陆域面积约十四平方千米，港域面积约五十八平方千米，且水深坡陡，港西又有金塘、大榭等岛屿作天然屏障，适合大轮停泊。

有人将野鸭山、老塘山岸线港域看成一条"卧龙",老塘山是龙头,野鸭山至黄沙山一段是龙身和龙尾。

300

老塘山二期码头投产时,已能实现全自动化卸货。

第一次全自动化卸货在 1992 年最后一天。第一次见到那场面,令人震撼。

卸煤机上七吨自重的抓斗,沿着横梁滑道,行至货轮上空,张开形似红旗蟹大钳的双扇斗门,凭借四根杯口粗的钢索,俯冲入船舱,在煤堆里狠狠地"咬"了一口。这一斗,有九吨煤呀。

抓斗以四十秒一斗的速度,不断地"吞吃"着船舱中的煤,而后不停地吐进卸煤机腹中的落煤斗。通过落煤斗分道,煤均匀地泻入飞速运转的皮带机输送带。一千五百多米长的输送带尾端,是一台形似盛开的葵花的斗轮机。斗轮机伸展长长的手臂,把输送带运来的煤,缓缓地撒向广阔的堆场。不一会儿,堆场上积起了一座煤山。

一船六千多吨的煤,不到四个小时就卸完了。

这种不用凭借人力的全自动化卸货,此时在舟山还是第一次。

301

龙头既然昂起,龙身和龙尾也想动一动。

1994 年,龙身、龙尾真的动了。

这年 8 月,巴拿马籍"大洋洲"号轮,靠上野鸭山港域的两座浮动码头,卸下了十三万吨铁矿砂。这些铁矿砂,是首都钢铁总公司进口的。

这次装卸,叫作水水中转。

302

如果拍成小视频,水水中转的壮观场景,肯定引发全网刷屏。

两座有动力的浮动码头,缓缓靠近,在"大洋洲"号轮的两侧舷边完成系缆作业。接着又有六条三千吨级的驳轮,在两艘大功率拖轮的牵引下,鱼贯而至,停靠在浮动码头边上。

两座浮动码头上,都耸立着两米多高的大吊机,抓斗灵巧地伸进船舱,把铁矿砂轻而易举地抓了起来,一抓头就有二十五吨。铁矿砂被吐泻到吊机旁的一个大漏斗内,由输送机送往驳轮。

一天,能够装卸两万吨。

303

这次水水中转,头一天操纵吊机的是两名蓝眼睛黄头发的荷兰人,第二天换上了舟山人,操作技能不比欧洲人逊色。

为何要叫荷兰人操纵一天呢?原来,这次水水中转的机械设施和船舶,都是从荷兰进口的,为确保操作无误,故请荷兰人来做一次示范操作。

岑港人就是聪明,只拜一天师,就能和师傅干得一样出色。

304

"大洋洲"号轮在舟山港卸货期间,接连遇上两个台风的袭击,台风级别都是 11 级。

"大洋洲"号轮的船长,凭借三十多年航海经验,将大轮掉转船头,对准来风方向,准备开足马力顶住,以攻为守。

可是,他一直没有感受到 11 级台风的强度,也一直没有下令开机。

事后,他才知道,风力弱是因为野鸭山港域有群岛作天然屏障。他说,老塘山帮他创造了航海奇迹——抗击 11 级台风,轮船不用开机。

305

这是国内首次矿砂水水中转。而它背后的故事,也颇有意思。

首都钢铁总公司斥巨资买下秘鲁的一座铁矿,并租用大型船队运送矿石归国。

然而,北方的码头无力承接十万吨级以上的巨轮,南方码头的泊位也面临着货多港紧的困境。巨轮被迫压港,成本急剧上升,高炉急需补给……

于是,人们将目光投向了定海老塘山。

306

野鸭山岸线，原计划再建一个独立的港区，但 1994 年 8 月的一次矿砂中转，却让龙头与龙身、龙尾合为了一体。

307

水水中转，依赖大型化港口设备。到了 1995 年 7 月，一座大型散货抓斗式浮吊出现在老塘山港区。

这座浮吊，四十八秒钟能装卸货物三十六吨，日装卸货物四万吨。当时，它是国内装卸货量最大的散货抓斗式浮吊，世界同类大型浮吊仅有八座。

大吊车，真厉害，成吨的钢铁，它轻轻地一抓就起来……

这是现代京戏《海港》里一句脍炙人口的唱词。而老塘山的大浮吊，岂止是成吨的钢铁一抓就起来。

308

到了老塘山三期工程，码头上的面貌又焕然一新。

五座门座式起重机，犹如《星球大战》中的机器人。它们的形状酷似仙鹤，因此被称为"仙鹤吊"。

老塘山港区人则称它们为"门机"。

门机不简单,巨大的机械手,一抓就能抓起三十吨粮食并放上输送带,一昼夜可装卸粮食两万两千吨。

309

门机可直接进行减载过驳作业。

自拥有它们之日起,老塘山便成了"海进江"减载业务最便利的码头。

"海进江",就是从东海进长江。

310

到了 2014 年,老塘山港区三期码头上的 6 号门机,个子已有十五层楼高,臂膀有三十米长,像一个"钢铁巨人",向海而立。

311

门机的驾驶室,是距离地面四十多米高的一间悬空小屋。

小屋内,有一把操作椅、一个手动操作台,以及三块显示门机作业状态的小电子屏。四周、脚下,全是透明玻璃。

坐在这间不到三平方米的悬空小屋里,操纵"钢铁巨人",那感觉,就像站在了"钢铁侠"的肩膀上。

岑港有意思

门　机

312

2020 年底,杭甬运河修复后,从老塘山港区出发的江海直达船,首次驶入了杭甬运河宁波段及钱塘江航道。这标志着京杭运河与东海实现了局部直达。

而随着 2023 年京杭运河二通道的全面贯通,京杭运河、钱塘江与东海实现了"无须换乘、一船直达"。

313

2024 年 5 月,从老塘山码头起航的舟山港万吨级江海直达船,首次进入三峡大坝北线船闸。船经过五级船闸提升一百一十三米后,进入长江上游,直达重庆,开创了万吨级江海直达船从沿海直航长江上游的先河。

这时,老塘山的长江中游江海联运直达航线已有八条,涉及湖北、湖南、江西、安徽等地,江海直达船已有十六艘。

314

宋元时期的昌国(今舟山)是粮食集散中心。

那时,有大量粮船集聚昌国。《金史》之《刘豫传》中,就有"(昌国)其县在海中,宋人聚船积粮之处"之记载。元代,昌国州烈港(今金塘沥港)为漕粮北运的中转港口。

但从历史的角度看,这都只是昙花一现。

老塘山三期码头建成后,定海提出了建国际粮油集散中心的构想。

315

历史上,中国粮食供应一直以"南粮北调"为主。

明朝,京杭大运河从南向北运粮的漕船超过九千艘。清朝,每年从南方征收并北运的漕粮多达四百万石。

这个格局,到了20世纪90年代后期,才有了根本性变化。东北地区成为粳稻、玉米的主要供应地,外调量占全国的百分之六十。"南粮北运"变成"北粮南运"。

316

不同时期,粮食运输的方式也是不同的。

在铁路出现前,水运是粮食运输的主要方式。

有了铁路后,火车运输比木帆船、铁壳船运输更便捷安全,粮食运输慢慢转成陆上运输。

随着海运船只越来越大,同时铁路运力出现紧张,粮食运输又重回海运。因为船只大了,运输费用就降低了。还有一点,粮食要进口,进口粮食只能靠散货船从国外运到中国。

317

无论北粮南运还是粮食进口，都需要有一个粮食集散中转地。

先前的粮食码头，无论是连云港、南通、江阴、张家港，还是上海、宁波，都只能停靠三万吨级的船，还要候潮进港。

国际上目前通用的是巴拿马级货船，装载量一般为六万吨左右，上述粮食码头，如果不经过减载，根本无法接纳。

浙江是全国第二大粮食主销省份，但约有一半的粮食依靠从省外调入。因此，浙江也必须有个粮食集散中心。

凡此种种，使得老塘山港区迎来了成为粮食集散中心的机遇。

318

仓廪实，天下安。在电视剧《天下粮仓》里，由舟山籍画家朱仁民绘制的两幅长卷中国画——《千里嘉禾图》和《千里饿殍图》，形象地说明了粮仓乃国之命脉的道理。

自古以来，天下粮仓一般都建在交通便捷之地。漕粮和古运河相连，漕粮藏在浙江的古粮仓（富义仓），该粮仓始建于清光绪六年（1880），位于运河最南端，如今杭州的霞湾巷 8 号。

得良港之利，实天下仓廪。2004 年，在老塘山港区，投资近亿元的"天下粮仓"开建，当时被称为"省级中转储备粮库"，后来更名为"浙江省舟山储备中转粮库"。

粮库最初库容量为八万吨，经过扩建，到 2022 年已超到三十三万吨。

天下粮仓

319

临近码头的舟山粮库，储存的主要是进口粮食，品种主要是小麦和大豆。

大型货轮把小麦和大豆从国外运抵老塘山港区，通过三千米长的输送廊道，运至粮库。

藏在舟山粮库的粮食，一般每五年轮换一次，换下陈粮，换上新粮。

除了浙江省舟山储备中转粮库，中储粮集团浙江粮食仓储物流项目也在老塘山落户，它的操作模式是"前港、中仓、后厂"，有效地带动了粮油加工企业的聚集。

320

因为有老塘山港区，岑港不仅是天下粮仓，还是天下粮市。

口粮自给率不高的岑港能成为天下粮市，这在过去是不可想象的，但今天的老塘山，确实让岑港成了天下粮市。

粮市的根本在于流通，它把天下粮食汇聚拢来，再分发出去。

2008年，老塘山港区进口粮中转量超过了宁波港。到了2022年，它的进口粮中转量约占全国的百分之十八，为两千五百万吨。

这样的中转量，放在传统粮市根本做不到。

321

老塘山"天下粮市"的形成过程,2014年是个重要节点。

这年10月,舟山获批为全国首批进境粮食指定口岸。此时,老塘山的粮食仓储能力已接近八十万吨。

获批当年,舟山就成为中国最大的进境粮食公共中转港区,进境粮食种类涵盖大豆、玉米、大小麦、油菜籽和高粱,进境粮食来源国有美国、巴西、阿根廷、澳大利亚、加拿大、乌克兰、乌拉圭和法国。而由老塘山港区中转输出的粮食,分别被运往上海、南通、张家港、泰州、镇江、南京、九江、武汉、长沙、芜湖、重庆等地。

粮集天下,港通五洲;天下粮市,当之无愧。

322

从"天下粮仓",到"天下粮市",再到"粮油大厂",一条产业链顺理成章地发展起来。在老塘山港区后方,有个舟山国际粮油产业园。

323

"中海粮油"是这个产业园最早的一家粮油工厂。

大豆用六万吨级左右的大型船舶从南美、北美装运进口,产品成本低于内地加工企业。其产品除百分之六十供应浙江省市场外,还进入江西、湖南、湖北、四川等省的市场。2015年，"中海粮油"的豆粕、豆油产品，敲开了国际市场的大门。

324

"良海粮油"也是这个产业园的重要企业。

走进"良海粮油"的大豆加工车间，一股豆香扑鼻而来，一条现代化的粮食加工流水线映入眼帘，工作人员正远程操控生产设备压榨大豆。

另一侧的小包装油生产线上，正在灌装五升、十升、二十升包装的大豆油。这些产品都将发往长三角市场。

榨油后的豆粕，超八成也将运往湖北、重庆、四川等地的养殖场。

325

一大群专家围坐一桌，为"六国港"始于何时，喋喋不休地争论。

讨论快结束时，一位旁听者站起来，说："厚古不薄今。讨论结束，我们去看看老塘山港区，研究一下老塘山港区。"

他又说："当年的'六国港'，货物进出范围可曾达到像老塘山港区那样广？货物进出量可曾达到像老塘山港区那样多？这么多专家研究'六国港'，却没有一个专家去研究老塘山港区！"

众专家面面相觑。

326

舟山老诗人方牧为老塘山港区赋词《沁园春·老塘山万吨级码头竣工》：

　　鬼斧神工,沉璧浮金,剪彩挂红。遣诸天力士,移山填海;六丁六甲,缚虎擒龙。车吊驱潮,引桥镇浪,堆栈连云动远空。争顾盼,试从容吞吐,南北西东。

　　九天快哉雄风,揽万里航程入怀中。集欧金美错,他山玉石;天涯地角,凤鸟梧桐。轨接长江,碇移上海,豪气纵横意若虹。回眸间,看飞扬光热,大吕黄钟。

327

去岑港观赏鲜花。

东海百里文廊,有多处观花地。但若论观赏期,还是岑港比较长一点。从3月至9月,有四种花可观赏:桃花、油菜花、波斯菊、荷花。

3月去马目村看桃花,那里有一大片桃花树林。

4月去看油菜花,在马目风车营、桥头村三百五十亩梯田式油菜花田、马目农场成片油菜花田,你都可观赏到"陇间阡陌金黄,蜂鸣蝶舞折腾忙"的春日景象。

5月去看波斯菊花海,坐标马目风车营,一整个山坡的波斯菊,从山顶延伸到山脚。无数朵小花汇成了一片金灿灿的花海,花朵迎风起

马目山花海

舞,花香四处飘散。

6月至9月去古窑里观荷花。盛夏赏荷,能从荷花中悟得心静。若在雨后,或是在明月下、夜风中赏荷,更能带给你清凉的快意。

328

在花海中登高看岑港,不时能看到大桥——富翅门大桥跨越富翅门水道,在岑港涨次村南侧登陆舟山本岛,向北穿过舟山本岛,在马目再次入海,由岱山跨海大桥连接舟山本岛与岱山岛。

这是"一路向北"的舟山北向大通道。

如果说,2009年底建成的让舟山一路向西与内陆"接壤"的舟山跨海大桥,使岑港成为桥头堡。那么,在舟山北向大通道的立体交通网中,岑港无疑也是一个枢纽重镇。

这条北向大通道,最终还将连接洋山,接轨上海东海大桥,进而与杭州湾跨海大桥形成一个环杭州湾交通闭环。届时,作为舟山本岛枢纽点的岑港,又将迎来更多的车流和人流。

329

康熙《定海县志》中,如警句般最精彩的一句,是:

故定邑为东浙之门户,而岑吞又为定邑之要冲。

这是一句照亮古今的话。